财政部规划教材配套教材

《初级会计学》
习题与解答

Fundamentals of Accounting:
Exercises and Answers

刘中华　唐亚娟　主编

中国财经出版传媒集团
经济科学出版社
Economic Science Press

图书在版编目（CIP）数据

《初级会计学》习题与解答／刘中华，唐亚娟主编.
—北京：经济科学出版社，2022.1（2023.7重印）
财政部规划教材配套教材
ISBN 978－7－5218－3404－8

Ⅰ.①初⋯　Ⅱ.①刘⋯②唐⋯　Ⅲ.①会计学－高等
学校－题解　Ⅳ.①F230－44

中国版本图书馆 CIP 数据核字（2022）第 012479 号

责任编辑：杜　鹏　刘　悦
责任校对：齐　杰
责任印制：邱　天

《初级会计学》习题与解答
刘中华　唐亚娟　主编
经济科学出版社出版、发行　新华书店经销
社址：北京市海淀区阜成路甲 28 号　邮编：100142
会计分社电话：010－88191441　发行部电话：010－88191522
网址：www.esp.com.cn
电子邮箱：esp_bj@163.com
天猫网店：经济科学出版社旗舰店
网址：http://jjkxcbs.tmall.com
北京时捷印刷有限公司印装
787×1092　16 开　11.25 印张　250000 字
2022 年 2 月第 1 版　2023 年 7 月第 2 次印刷
ISBN 978－7－5218－3404－8　定价：29.00 元
（图书出现印装问题，本社负责调换。电话：010－88191545）
（版权所有　侵权必究　打击盗版　举报热线：010－88191661）
QQ：2242791300　营销中心电话：010－88191537
电子邮箱：dbts@esp.com.cn）

前 言
INTRODUCTION

本辅导教材是为了帮助同学们更好地学习基础会计课程而编写的，是《初级会计学》（刘中华、张瑞丽主编，经济科学出版社2022年2月出版）的配套教学辅导书。了解会计学科的基本框架，学习会计学的基本原理与方法，掌握会计核算工作的基本流程与内容，为以后专业课的学习及社会实践奠定扎实的专业基础，是基础会计学习要达到的目标和要求。

本辅导教材依据最新修订颁布的《企业会计准则》《企业会计准则——应用指南》等规定和深化增值税改革的要求以及老师和同学们在教学与学习过程中反馈的意见编写。本辅导教材在结构设计上完全与《初级会计学》目录一致，以便同学们更好地结合教材完成课程学习。每章有四部分内容，包括学习目的与要求、本章思考题、综合练习题、综合练习题参考答案等。其中，综合练习题包括了名词解释、单项选择题、多项选择题、判断题、业务计算题、案例分析题等题型。通过各种练习，以达到提升基础知识功底、加强专业技能运用、提高综合分析能力的目的。为方便同学们练习和完成作业，在每章综合练习题后适当预留空间，同学们可以直接在习题上完成作业。通过综合练习题参考解答可以帮助同学们检验学习效果。

本辅导教材由广东外语外贸大学会计学院刘中华、唐亚娟、张瑞丽、曹瑜强以及广州华商学院程可辉等老师编写。在编写过程中，得到了广东外语外贸大学会计学院、经济科学出版社等单位的大力支持，在此表示衷心的感谢。同时还要感谢古梦琪、吴晓凤、游新、黄茵佳、马润哲、周千驭等同学收集整理习题与案例以及制作课件等，在此一并致谢。

撰写出高质量的教材、教辅，更好地为会计教学服务和培养高水平的会计人才，是我们追求的目标。本辅导教材在编写过程中难免有一些疏漏之处，恳请读者和同行批评指正，以便我们不断完善和提高。

编者

2022年1月

目 录
CONTENTS

第一章　总论 ·· 1
　　一、学习目的与要求 ·· 1
　　二、本章思考题 ··· 1
　　三、综合练习题 ··· 1
　　四、综合练习题参考答案 ··· 8

第二章　会计要素与会计等式 ·· 11
　　一、学习目的与要求 ·· 11
　　二、本章思考题 ··· 11
　　三、综合练习题 ··· 11
　　四、综合练习题参考答案 ·· 20

第三章　复式记账 ·· 23
　　一、学习目的与要求 ·· 23
　　二、本章思考题 ··· 23
　　三、综合练习题 ··· 23
　　四、综合练习题参考答案 ·· 32

第四章　制造业企业主要经济业务的核算 ··························· 36
　　一、学习目的与要求 ·· 36
　　二、本章思考题 ··· 36
　　三、综合练习题 ··· 37
　　四、综合练习题参考答案 ·· 67

第五章　会计凭证和会计账簿 ·· 79
　　一、学习目的与要求 ·· 79
　　二、本章思考题 ··· 79

三、综合练习题 ·· 79
　　四、综合练习题参考答案 ··· 118

第六章　财产清查 ··· 135
　　一、学习目的与要求 ·· 135
　　二、本章思考题 ··· 135
　　三、综合练习题 ··· 135
　　四、综合练习题参考答案 ··· 144

第七章　财务报告 ··· 148
　　一、学习目的与要求 ·· 148
　　二、本章思考题 ··· 148
　　三、综合练习题 ··· 148
　　四、综合练习题参考答案 ··· 157

第八章　账务处理程序 ··· 160
　　一、学习目的与要求 ·· 160
　　二、本章思考题 ··· 160
　　三、综合练习题 ··· 160
　　四、综合练习题参考答案 ··· 163

第九章　会计工作组织 ··· 166
　　一、学习目的与要求 ·· 166
　　二、本章思考题 ··· 166
　　三、综合练习题 ··· 166
　　四、综合练习题参考答案 ··· 170

第一章 总 论

一、学习目的与要求

会计是基于信息处理的管理活动，是经济管理的重要组成部分。通过本章学习，应当了解会计的产生与发展；掌握会计的基本概念与主要观点；明确会计职能与会计目标；掌握会计假设与会计核算的原则；了解会计的规范体系与会计国际化。

二、本章思考题

1. 在会计的产生和发展过程中，各阶段的重要标志是什么？
2. 会计的定义是什么？会计学科体系包括哪些内容？
3. 会计的基本职能是什么？会计有没有其他职能？
4. 会计的目标是什么？会计信息的使用者对会计目标有哪些不同要求？
5. 会计的基本假设是什么？
6. 会计信息质量要求具体包括哪些内容？
7. 会计计量与确认的原则有哪些？
8. 权责发生制与收付实现制有何区别？
9. 会计的方法有哪些？会计核算的方法有哪些？
10. 我国会计规范体系的主要内容有哪些？

三、综合练习题

（一）名词解释

1. 会计信息系统论
2. 会计目标
3. 会计假设

4. 可靠性原则
5. 谨慎性原则
6. 会计计量
7. 权责发生制
8. 会计规范

（二）单项选择题

1. （　　）事件被认为是近代会计发展史的第一个里程碑。
   A. 英国爱丁堡会计师公会的成立
   B. 阿拉伯数字取代了罗马数字
   C. 《算术、几何、比与比例概要》的出版
   D. 计算机在会计领域的运用

2. （　　）确定了会计核算的空间范围。
   A. 会计主体假设　　　　　　　　B. 会计分期假设
   C. 货币计量假设　　　　　　　　D. 持续经营假设

3. 我国的会计年度采用（　　）。
   A. 企业自定　　　B. 公历制　　　C. 农历制　　　D. 阴历制

4. 企业的会计期间是（　　）。
   A. 人为划分的　　B. 自然形成的　　C. 营业周期　　D. 可长可短

5. 将企业的经济活动与其所有者的经济活动区分开的是（　　）。
   A. 会计分期假设　　　　　　　　B. 持续经营假设
   C. 货币计量假设　　　　　　　　D. 会计主体假设

6. 由于有了（　　）的存在，才产生了本期与其他期间的差异。
   A. 会计主体假设　　　　　　　　B. 货币计量假设
   C. 会计分期假设　　　　　　　　D. 持续经营假设

7. 在进行会计核算时，应以实际发生的经济业务为依据，如实反映企业的财务状况和经营成果，这符合（　　）。
   A. 可比性　　　B. 可理解性　　　C. 可靠性　　　D. 相关性

8. 下列有关会计主体的表述中，不正确的是（　　）。
   A. 会计主体是指会计所核算和监督的特定单位和组织
   B. 会计主体界定了会计工作的时间范围
   C. 会计主体不一定是法律主体
   D. 会计主体界定了会计工作的空间范围

9. 不同企业发生的相同或相似的经济业务，应采用会计准则规定的会计政策，体现了（　　）原则。
   A. 重要性　　　　　　　　　　　B. 可比性
   C. 实质重于形式　　　　　　　　D. 可理解性

10. 企业提供的会计信息应当清晰明了，便于财务报告使用者理解和使用，这体现了（　　）信息质量要求。
   A. 可靠性　　　　B. 可理解性　　　　C. 可比性　　　　D. 及时性

11. 如果企业对所有的经济业务事项，不分轻重主次，采用完全相同的会计处理方法，就违背了（　　）原则。
   A. 可理解性　　　B. 可比性　　　　C. 及时性　　　　D. 重要性

12. 企业对应收账款计提坏账准备，是对（　　）原则的应用。
   A. 谨慎性　　　　B. 重要性　　　　C. 可比性　　　　D. 及时性

13. 如果把收益性支出列为资本性支出，会导致企业（　　）。
   A. 虚增资产，虚增利润　　　　B. 虚增资产，虚减利润
   C. 虚减资产，虚减利润　　　　D. 虚减资产，虚增利润

14. 对于企业来说，应采用的记账基础是（　　）。
   A. 权责发生制　　　　　　　　B. 收付实现制
   C. 现金制　　　　　　　　　　D. 现收现付制

15. 企业在提供会计信息时应充分考虑使用者的需要，所提供的信息应有助于使用者对企业过去、现在或者未来的情况作出评价或预测，这是会计信息质量（　　）的要求。
   A. 可比性　　　　B. 重要性　　　　C. 相关性　　　　D. 可靠性

16. 按照权责发生制，下列处理正确的是（　　）。
   A. 本月销售商品，货款未收，作为本月收入处理
   B. 本月销售商品，货款未收，作为收款期收入处理
   C. 本月预收货款，下月交货，作为本月收入处理
   D. 本月收回上月货款，作为本月收入处理

17. 某企业本月有以下付款业务：支付上月借款利息 2 000 元，支付本月办公费 1 000 元，支付上月水电费 1 000 元，支付本月产品宣传费 500 元，在权责发生制下，本月的费用为（　　）元。
   A. 4 500　　　　B. 3 500　　　　C. 2 500　　　　D. 1 500

18. （　　）是我国会计工作的基本法律，是我国会计规范体系中处于最高层次的法律规范，是制定其他会计法律法规、会计规章制度的依据。
   A.《中华人民共和国会计法》　　B.《企业会计制度》
   C.《企业会计准则》　　　　　　D.《会计基础工作规范》

19. 会计分期是从（　　）引申出来的。
   A. 权责发生制　　B. 持续经营　　　C. 会计主体　　　D. 会计目标

20. 甲公司计划购入一台设备，经过多方考察和询价，甲公司和黄河公司于 2020 年 8 月达成购买意向，于 2020 年 10 月签订了合同。合同约定，黄河公司应不晚于 2021 年 5 月向甲公司交货。2021 年 4 月，黄河公司生产完成，向甲公司交付了该设备，甲公司已经支付了货款。甲公司应将该设备确认为资产的时间是（　　）。

A. 2020年8月 B. 2020年10月
C. 2021年4月 D. 2021年5月

21. 下列属于对会计核算空间范围所做的合理假设是（　　）。
A. 会计主体假设 B. 持续经营假设
C. 货币计量假设 D. 会计分期假设

22. 以下不属于会计核算方法的是（　　）。
A. 成本计算 B. 审核预算 C. 登记账簿 D. 复式记账

23. 根据权责发生制，以下属于本期的收入或费用的是（　　）。
A. 支付明年的房屋租金
B. 本期已经收款，但商品仍在生产中
C. 商品在本期销售，但货款尚未收到
D. 税务部门要求预缴的税款

24. 对已发生了减值的固定资产计提了减值准备，体现了（　　）要求。
A. 实质重于形式 B. 可行性 C. 谨慎性 D. 可靠性

25. 会计学按知识和研究内容分类，主要分为（　　）。
A. 理论会计学和应用会计学 B. 管理会计学和财务会计学
C. 会计理论和会计史 D. 财务会计学和审计

（三）多项选择题

1. 关于会计的含义代表性的观点有（　　）。
A. 信息系统论 B. 管理活动论
C. 决策有用论 D. 受托责任论

2. 以下可能成为会计主体的有（　　）。
A. 一个企业 B. 企业的一个车间
C. 若干个企业组织起来的集团公司 D. 企业的一个分公司

3. 下列主体必须采用权责发生制的有（　　）。
A. 某轮胎制造厂 B. 某百货公司
C. 某摄影服务公司 D. 某政府单位

4. 会计的基本职能有（　　）。
A. 核算 B. 控制 C. 监督 D. 决策

5. 会计信息的使用者包括（　　）。
A. 投资者 B. 政府有关部门
C. 债权人 D. 企业管理者

6. 作为会计主体，应当具备的条件有（　　）。
A. 有独立的经营活动 B. 有一定的经济资源
C. 实行独立核算 D. 必须是法律主体

7. 下列事项中，符合谨慎性原则的做法有（　　）。

A. 对可能收不回来的应收账款计提坏账准备
B. 不低估负债或费用
C. 预计可能的收益
D. 预计可能发生的损失

8. 下列各项目中,符合会计主体假设的有（   ）。
   A. 会计记录本企业的收入   B. 会计记录企业所有者的支出
   C. 会计记录本企业的支出   D. 会计记录供应商的支出

9. 以下符合及时性原则的做法有（   ）。
   A. 及时收集会计信息
   B. 及时处理会计信息
   C. 及时传递会计信息
   D. 为及早出具财务报告,在会计期末未结束是就结账

10. 以下属于资本性支出的有（   ）。
    A. 购置无形资产支出   B. 水电费支出
    C. 办公费支出   D. 购置固定资产支出

11. 企业以银行存款10万元购入设备一台,如果会计人员把这笔业务记录为收益性支出会导致（   ）。
    A. 资产虚减   B. 费用虚增   C. 费用虚减   D. 利润虚增

12. 以下属于收益性支出的有（   ）。
    A. 支付水电费   B. 支付生产设备购置费
    C. 支付职工薪酬   D. 支付办公费

13. 按照权责发生制要求,下列属于本期收入和费用的有（   ）。
    A. 本期销售,本期收到货款   B. 本期收到前期货款
    C. 支付本期费用   D. 本期销售,本期未收到货款

14. 会计的核算方法包括（   ）。
    A. 复式记账   B. 填制和审核凭证
    C. 财产清查   D. 编制会计报表

15. 下列各项中,关于企业会计信息可靠性表述正确的是（   ）。
    A. 企业应当保持应有的谨慎,不高估资产和收益,不低估负债和费用
    B. 企业提供的会计信息应当相互可比
    C. 企业应当保证会计信息真实可靠、内容完整
    D. 企业应当以实际发生的交易或事项为依据进行确认、计量和报告

（四）判断题

1. 1854年英国爱丁堡会计师公会的成立,是近代会计发展史的第一个里程碑。（   ）

2. 四柱结算法的四柱指的是旧管、新收、开除、实在。（   ）

3. 四柱清册、龙门账和天地合一账表现了我国历史上传统中式账簿的发展过程。（　　）
4. 会计主体一定是法律主体。（　　）
5. 在会计核算过程中，只能使用货币作为计量单位，其他计量单位一律不得使用。（　　）
6. "书契"是在刻符记事与抽象绘图记事的基础上产生的。（　　）
7. 在我国，企业进行会计核算时只能以人民币为记账本位币。（　　）
8. 在历史成本计量下，资产按照购置时支付的现金或者现金等价物的金额，或者按照购置资产时所付出的对价的公允价值计量。（　　）
9. 《会计法》是我国会计规范体系中处于最高层次的法律规范，是制定其他会计法律法规、会计规章制度的依据。（　　）
10. 我国现行的企业会计准则体系由基本会计准则、具体会计准则、准则应用指南、准则解释、准则实施问答以及准则应用案例组成。（　　）
11. 可理解性也称明晰性，是指提供会计信息应当清晰明了，便于财务会计报告使用者理解和使用。（　　）
12. 会计主体是指会计工作服务的特定对象，是企业会计确认、计量和报告的空间范围。（　　）
13. 在决策有用观下，会计目标强调会计信息的决策有用性。（　　）
14. 企业选择一种不导致虚增资产、多计利润的做法，是遵循了可靠性原则。（　　）
15. 理论会计学只包括会计理论的研究。（　　）
16. 会计期间分为年度和中期，凡是短于一个完整的会计年度的报告期均称为中期。（　　）
17. 各国采用的会计年度均是从公历的 1 月 1 日起至 12 月 31 日止。（　　）
18. 相关性要求企业所提供的会计信息完全满足所有会计报告使用者的需求。（　　）
19. 当企业面临破产清算时，已不具备持续经营这一基本前提。（　　）
20. 业务收支以外币为主的企业可以选定某种外币作为记账本位币。（　　）

（五）业务计算题

【目的】练习权责发生制和收付实现制的确认。
【资料】某企业本月发生了以下经济业务：
（1）销售商品，金额 100 000 元，款未收；
（2）收到上月的货款，金额 80 000 元；
（3）计提本月应负担的借款利息，金额 5 000 元，尚未支付；
（4）支付本月的水电费，金额 10 000 元；
（5）销售商品金额 150 000 元，款已收；

（6）收到购货单位的预付款，金额 30 000 元，下月交货；
（7）收到电信公司的话费账单，金额 3 000 元，下月支付；
（8）计提本月折旧 6 000 元；
（9）支付上月的房租，金额 2 000 元；
（10）支付本月的广告宣传费，金额 1 000 元。

【要求】分别按照权责发生制和收付实现制计算本月的收入和费用，填入表中。

某企业本月发生的收入和费用　　　　　　　　　单位：元

项目 序号	权责发生制		收付实现制	
	收入	费用	收入	费用
1				
2				
3				
4				
5				
6				
7				
8				
9				
10				
合计				

（六）案例分析题

1.【资料】甲公司因为扩大生产规模，需要再购入一批生产设备。甲公司现在使用的设备是由乙公司生产的，设备性能和设备质量均满足甲公司需要。通过与乙公司沟通协商，2020 年 10 月甲公司和乙公司签订了一份设备销售合同。合同约定：乙公司应于 2021 年 8 月 31 日前将合同标的商品运抵甲公司并负责安装调试，由甲公司负责验收。在商品运抵甲公司前设备的灭失、毁损、价值变动等风险由乙公司承担。2020 年 12 月 30 日，乙公司向甲公司开具了增值税专用发票并于当日确认了商品销售收入。该批设备于 2021 年 6 月 30 日发出，并于 7 月 10 日完成了安装调试，甲公司验收合格。

【要求】会计主体假设、持续经营假设、会计分期假设和货币计量假设是进行会计核算工作的前提。对于乙公司在 2020 年的处理，你认为违背了哪个会计假设？

2.【资料】甲公司向乙公司销售一台设备，销售价格为 300 万元，同时双方约定两年之后，甲公司将以 240 万元的价格回购该设备。根据《企业会计准则第 14 号——收入》的规定，甲公司此时不能确认收入，而应将该笔业务作为租赁交易进行会计处理。

丙公司向丁公司销售一批商品，发票注明的销售价款为 100 万元，丁公司已向丙公司支付了商品价款。该批商品的成本为 70 万元。同时丙公司和丁公司签订了一份协议，协议约定，丙公司将于半年后将所售商品购回，回购价为 110 万元。根据《企业会计准则第 14 号——收入》的规定，丙公司收到的 100 万元不能确认为收入，应作为负债处理。

【要求】请你想一想，以上的会计处理遵循了会计信息质量的哪个要求？

3.【资料】甲公司于 2021 年 11 月收到法院通知，被告知乙公司状告甲公司侵犯其专利权，要求甲公司赔偿 100 万元。甲公司经过反复测试认为，其核心技术是委托丙公司研究开发的，丙公司应承担连带责任对乙公司进行赔偿。甲公司在年末编制会计报表时，法院尚未判决，根据法律诉讼的进展情况以及专业人士的意见，认为对原告进行赔偿的可能性在 70% 以上，最有可能发生的赔偿金额为 110 万元。同时甲公司认为，从第三方丙公司得到的补偿的可能性也是 70%，补偿金额最有可能是 120 万元。根据企业会计准则的要求，甲公司在对该事项进行会计处理时，要确认 110 万元的负债（预计负债），但不能把可能从丙公司收到的 120 万元的赔偿确认为资产。

【要求】请你想一想，这个会计处理遵循了会计信息质量的哪个要求？

四、综合练习题参考答案

（一）名词解释

1. 会计信息系统论，就是把会计的本质理解为一个经济信息系统。会计是按照会计规范确认、计量、记录一个组织的经济活动,运用特定程序处理加工经济信息,并将处理结果传递给会计信息使用者的信息系统,是组织和总结经济活动信息的主要工具。

2. 会计目标是人们通过会计实践活动所期望达到的结果。在会计实践中,会计目标决定了会计工作的具体程序和方法。

3. 会计所处的环境极为复杂,会计面对的是变化不定的社会经济环境。会计人员在会计核算过程中,面对这些变化不定的经济环境,就不得不做出一些合理的假设,对会计核算的对象及其环境做出一些基本的规定,即建立会计核算的基本前提,也称为会计假设。

4. 可靠性原则,又称客观性、真实性原则,是指会计核算应当以实际发生的经济业务为依据,如实反映财务状况和经营成果。

5. 谨慎性原则,又称稳健性原则,是指企业对于某一会计事项有多种不同方法可供选择时,应持谨慎反映的态度,合理核算可能发生的损失和费用。

6. 会计计量是指以货币为计量单位对已确定可以进行会计处理的经济活动确定其应记录的金额。

7. 权责发生制,也称应计制或应收应付制,它是以收入、费用是否发生而不是以款项是否收到或付出为标准来确认收入和费用的一种记账基础。

8. 会计规范是组织和从事会计工作必须遵守的规范,是由一系列会计法律法规和会计规章制度组成的会计规范体系的总称。

(二) 单项选择题

1. C   2. A   3. B   4. A   5. D   6. C   7. C   8. B   9. B
10. B   11. D   12. A   13. A   14. A   15. C   16. A   17. D   18. A
19. B   20. C   21. A   22. B   23. C   24. C   25. A

(三) 多项选择题

1. AB   2. ABCD   3. ABC   4. AC   5. ABCD
6. ABC   7. ABD   8. AC   9. ABC   10. AD
11. AB   12. ACD   13. ACD   14. ABCD   15. CD

(四) 判断题

1. ×   2. √   3. √   4. ×   5. ×   6. √   7. ×   8. √
9. √   10. √   11. √   12. √   13. √   14. ×   15. ×   16. √
17. ×   18. ×   19. √   20. √

（五）业务计算题

某企业本月发生的收入和费用   单位：元

项目 序号	权责发生制		收付实现制	
	收入	费用	收入	费用
1	100 000			
2			80 000	
3		5 000		
4		10 000		10 000
5	150 000		150 000	
6			30 000	
7		3 000		
8		6 000		
9				2 000
10		1 000		1 000
合计	250 000	25 000	260 000	13 000

（六）案例分析题

1. 案例提示：违背了会计分期假设，设备在2021年发货，应作为2021年的收入，不应在2020年确认收入。

2. 案例提示：遵循了实质重于形式的要求。第一笔交易的实质是乙公司支付了60万元（300－240）取得了设备2年的使用权。因此，甲公司应当将该交易作为租赁交易进行会计处理。第二笔交易的实质是丙公司以这批商品作抵押向丁公司借了100万元，半年之后本利和一共归还110万元。所以丙公司应将收到的这笔钱作为负债处理。

3. 案例提示：遵循了谨慎性的要求。谨慎性要求企业在进行会计核算时，不能高估资产和收益，但不能低估负债和费用。企业在处理或有事项时，只要经济利益流出的可能性大于50%就有可能要确认为预计负债，但是能够从第三方收到的补偿只有在基本确定（可能性要大于95%）的时候才能确认为一项资产，并且确认的资产金额以确认的预计负债金额为上限。

第二章　会计要素与会计等式

一、学习目的与要求

通过本章学习,要求掌握会计对象的含义与会计主体的资金运动;掌握会计要素的概念、作用以及确认条件和计量方法;掌握会计等式的类型及其恒等性以及影响会计等式的九种主要经济业务。

二、本章思考题

1. 什么是会计对象?研究会计对象的目的是什么?
2. 生产企业的资金运动可分为几个阶段?
3. 什么是会计要素?企业有哪些会计要素?
4. 什么是资产?企业有哪些资产项目?
5. 什么是负债?企业有哪些负债项目?
6. 什么是所有者权益?企业一般有哪些所有者权益项目?
7. 什么是会计等式?了解会计等式有何重要意义?
8. 什么是经济业务?经济业务对会计方程式的影响如何?

三、综合练习题

(一) 名词解释

1. 会计对象
2. 会计要素
3. 资产
4. 负债
5. 所有者权益
6. 收入

7. 费用

8. 利润

9. 损失

10. 利得

（二）单项选择题

1. 以下（　　）不属于企业的资产。
   A. 企业的应收账款　　　　　　　B. 企业购入的原材料
   C. 企业准备购入的商品　　　　　D. 企业的库存商品

2. 以下属于利得的是（　　）。
   A. 销售产品的收入　　　　　　　B. 销售材料的收入
   C. 处置固定资产的净收益　　　　D. 出租固定资产的租金

3. 所有者权益的金额为（　　）的余额。
   A. 收入－费用　　　　　　　　　B. 资产－负债
   C. 收入－负债　　　　　　　　　D. 资产＋利润

4. （　　）不是会计要素。
   A. 资产　　　　B. 负债　　　　C. 成本　　　　D. 费用

5. 反映企业一定期间经营成果的会计要素是（　　）。
   A. 资产　　　　　　　　　　　　B. 负债
   C. 利润　　　　　　　　　　　　D. 所有者权益

6. 以银行存款偿还前欠货款会引起（　　）。
   A. 资产和负债一增一减　　　　　B. 资产和负债同减
   C. 资产和负债同增　　　　　　　D. 资产和所有者权益同增

7. 下列业务中，不影响资产总额的业务是（　　）。
   A. 用银行存款偿还借款
   B. 用银行存款支付购买材料的价款
   C. 用银行存款支付现金股利
   D. 用银行存款发放工资

8. 某企业期初资产总额为 500 000 元，发生了以下经济业务：用银行存款 10 000 元购入材料；收回前欠货款 50 000 元存入银行；收到投资者投入的 200 000 元存入银行；用银行存款 50 000 元支付工资。发生了以上业务后企业资产总额为（　　）元。
   A. 540 000　　　B. 700 000　　　C. 650 000　　　D. 660 000

9. 某企业期初资产总额为 500 000 元，期末负债总额比期初多 100 000 元，所有者权益比期初增加 30 000 元，则该企业期末资产总额为（　　）元。
   A. 500 000　　　B. 600 000　　　C. 620 0000　　　D. 630 000

10. 某企业期初负债总额为 300 000 元，本期发生了以下业务：向银行借入短期借款100 000元存入银行；收回欠款20 000元存入银行，购买材料金额30 000元，款未付。假设没有别的经济业务发生，在期末负债总额为（　　）元。

 A. 300 000　　　　　　B. 400 000　　　　　　C. 430 000　　　　　　D. 450 000

11. 以下属于企业资产的是（　　）。

 A. 长期存放但已无任何价值的产品

 B. 准备于下个月购入的材料

 C. 过期变质的食品

 D. 自然寿命已满但仍有转让价值的生产线

12. 下列属于非流动负债的是（　　）。

 A. 应付账款　　　　　　　　　　　B. 应交税费

 C. 长期借款　　　　　　　　　　　D. 应付职工薪酬

13. 下列各项中，企业应确认为资产的是（　　）。

 A. 所购买的原材料已验收入库，但款项未付

 B. 已签订采购合同但尚未购入的生产设备

 C. 行政管理部门发生的办公设备的日常修理费

 D. 因生产经营经营需要，临时租入1辆货车，租期为1个月

14. 企业生产的产品属于（　　）。

 A. 长期资产　　　B. 实收资本　　　C. 流动资产　　　D. 固定资产

15. 下列经济业务引起会计等式左右两边都发生变化的是（　　）。

 A. 经批准将资本公积转增资本　　　B. 开出商业汇票偿还欠款

 C. 借入短期借款存入银行　　　　　D. 用银行存款购入材料

16. 一个企业的资产总额与权益总额（　　）。

 A. 必然相等　　　　　　　　　　　B. 有时相等

 C. 不会相等　　　　　　　　　　　D. 只在期末相等

17. 下列业务中，会引起本期费用增加的是（　　）。

 A. 归还借款　　　　　　　　　　　B. 支付本期水电费

 C. 收回欠款　　　　　　　　　　　D. 分配利润

18. 下列业务中，会对本期收入产生影响的是（　　）。

 A. 收到投资款存入银行　　　　　　B. 收到包装物押金

 C. 收到一笔捐款　　　　　　　　　D. 收到本期出租固定资产的租金

19. 未分配利润属于（　　）会计要素。

 A. 资产　　　　　B. 负债　　　　　C. 所有者权益　　　D. 收入

20. 引起资产和负债同时增加的经济业务是（　　）。

 A. 接受捐赠　　　　　　　　　　　B. 支付本期租金

 C. 赊购材料　　　　　　　　　　　D. 归还借款

21. 下列各项中引起会计等式资产和负债同时增加的业务是（　　）。

 A. 收到购货方归还前欠货款，存入银行

 B. 从银行提取备用金

C. 以银行存款偿还前欠货款
D. 从金融机构取得借款存入银行

22. 企业以银行存款偿还所欠货款的业务对会计要素影响的表述正确的是（　　）。
   A. 一项资产增加，另一项资产等额减少
   B. 一项资产与一项负债等额增加
   C. 一项负债增加，另一项负债等额减少
   D. 一项资产与一项负债等额减少

23. 某企业 2020 年 12 月初资产总额为 100 万元，12 月收到股东投入的设备入账金额为 10 万元，用银行存款 20 万元归还短期借款，收到前欠货款 5 万元存入银行。该企业 2020 年末资产总额为（　　）万元。
   A. 95　　　　　B. 90　　　　　C. 85　　　　　D. 80

24. 预收客户货款的业务会导致（　　）。
   A. 一项资产增加，另一项资产减少　　B. 一项资产增加，一项负债增加
   C. 一项负债增加，另一项负债减少　　D. 一项资产减少，一项负债减少

25. 下列关于收入和利得的表述中，正确的是（　　）。
   A. 收入源于日常活动，利得也可能源于日常活动
   B. 收入会影响利润，利得也一定会影响利润
   C. 不会导致所有者权益增加的经济利益的流入不应确认为收入
   D. 收入会导致所有者权益的增加，利得不一定会导致所有者权益的增加

（三）多项选择题

1. 以下（　　）属于企业的资产。
   A. 企业准备购入的设备　　　　　B. 企业处于大修理的设备
   C. 企业在安装过程中的设备　　　D. 企业在使用中的设备

2. 所有者权益包括（　　）。
   A. 实收资本　　　　　　　　　　B. 资本公积
   C. 盈余公积　　　　　　　　　　D. 未分配利润

3. 关于收入，以下说法正确的有（　　）。
   A. 收入是在日常活动中形成的
   B. 收入也可以是非日常活动形成的
   C. 收入会导致所有者权益增加
   D. 所有者投入的资本属于收入

4. 企业的资产按照流动性可以分为（　　）。
   A. 流动资产　　B. 无形资产　　C. 非流动资产　　D. 有形资产

5. 企业取得收入可能会对（　　）要素产生影响。
   A. 资产　　　　B. 负债　　　　C. 所有者权益　　D. 费用

6. 关于所有者权益和负债，下列说法正确的有（　　）。
   A. 所有者权益一般不需要偿还，而负债需要偿还
   B. 企业清算时，负债往往优先偿还
   C. 所有者权益和负债均可以分享企业的利润
   D. 所有者权益和负债承担的风险相同
7. 所有者权益的构成包括（　　）。
   A. 所有者投入的资本　　　　　　B. 直接计入所有者权益的利得
   C. 盈余公积　　　　　　　　　　D. 未分配利润
8. 以下属于流动资产的有（　　）。
   A. 应收账款　　B. 原材料　　C. 库存商品　　D. 无形资产
9. 某企业期初资产总额为800 000元，负债总额为300 000元。本月发生以下经济业务：①销售产品金额20 000元，款已收存银行，这些产品的成本为15 000元；②用银行存款支付本月的利息费用，金额3 000元；③收到投资者追加的投资200 000元，存入银行；④用银行存款偿还到期的借款，金额100 000元。假设本月没有发生其他的业务，下列说法正确的有（　　）。
   A. 期末资产总额为902 000元
   B. 期末所有者权益总额为702 000元
   C. 期末负债总额为200 000元
   D. 本期的费用为15 000元
10. 下列说法正确的有（　　）。
   A. 所有者权益只取决于资产的计量
   B. 所有者权益包括所有者投入的资本、直接计入所有者权益的利得和损失、留存收益等
   C. 有些利得和损失不直接计入所有者权益而是计入了当期损益
   D. 利得不会导致所有者权益增加
11. 一项所有者权益增加的同时，引起的另一方面的变化可能有（　　）。
    A. 一项资产减少　　　　　　　　B. 一项负债减少
    C. 另一项所有者权益减少　　　　D. 一项资产增加
12. 以下经济业务的发生只涉及会计等式左边的有（　　）。
    A. 从银行提取现金　　　　　　　B. 用银行存款归还欠款
    C. 用银行存款购入设备　　　　　D. 收到欠款存入银行
13. 下列等式正确的有（　　）。
    A. 资产 = 权益
    B. 资产 = 负债 + 所有者权益
    C. 收入 – 费用 = 利润
    D. 资产 = 负债 + 所有者权益 + 收入 – 费用
14. 关于资产说法正确的有（　　）。
    A. 资产一定是企业所拥有的

B. 资产是由过去的交易或事项形成的
C. 计划购买的机器不是企业的资产
D. 资产预期会给企业带来经济利益

15. 以下属于非流动负债的有（　　）。
   A. 短期借款　　　B. 长期借款　　　C. 长期应付款　　　D. 应付账款
16. 以下（　　）属于非流动资产。
   A. 应收账款　　　B. 固定资产　　　C. 长期股权投资　　D. 无形资产
17. 下列各项中，引起企业资产和负债要素同时发生增减变动的经济业务有（　　）。
   A. 收到股东投资款　　　　　　　B. 以盈余公积转增股本
   C. 从银行借入短期借款　　　　　D. 以银行存款归还前欠货款
18. 下列各项中，属于企业流动负债的有（　　）。
   A. 应收客户的购货款　　　　　　B. 本期从银行借入的三年期借款
   C. 赊购材料尚未支付的购货款　　D. 销售商品应缴纳的税费
19. 某项经济业务的发生既没有增加也没有减少负债，则可能导致的结果有（　　）。
   A. 资产和所有者权益同时增加　　B. 资产和所有者权益同时减少
   C. 资产和所有者权益一增一减　　D. 资产内部一增一减
20. 以下描述中应确认为收入的有（　　）。
   A. 代第三方收取的款项　　　　　B. 咨询公司的咨询收入
   C. 厂房出租收入　　　　　　　　D. 销售商品取得收入

（四）判断题

1. 企业的资产一定是由交易形成的。　　　　　　　　　　　　　　　　（　　）
2. 企业购入材料而货款未付，会导致资产和负债同时增加。　　　　　　（　　）
3. 企业在对会计要素进行计量时，一般应当采用历史成本。　　　　　　（　　）
4. 所有者投入的资本只包括企业的实收资本。　　　　　　　　　　　　（　　）
5. 企业的留存收益是指资本公积和未分配利润。　　　　　　　　　　　（　　）
6. 企业出售固定资产的净收益是利得而不是收入。　　　　　　　　　　（　　）
7. 企业的利得有两个去向：计入当期损益或直接计入所有者权益。　　　（　　）
8. 收入是日常活动形成的，利得是非日常活动形成的。　　　　　　　　（　　）
9. 经济利益的流出一定形成费用。　　　　　　　　　　　　　　　　　（　　）
10. 资产一定是企业所拥有的。　　　　　　　　　　　　　　　　　　　（　　）
11. 流动资产一定是在一年内变现或耗用的。　　　　　　　　　　　　　（　　）
12. 企业在年初用银行存款 100 000 元支付了未来两年的房租，在收付实现制下应将其中的 50 000 元计入本年费用。　　　　　　　　　　　　　　　（　　）
13. 企业出售无形资产获得净收益 10 000 元，该项业务使企业的收入增加了

10 000 元。（   ）

14. 将资产分为流动资产和非流动资产是按照资产的存在形态划分的。（   ）

15. 根据谨慎性要求，企业的潜在义务也应当确认为一项负债。（   ）

16. 经济业务的发生，可能引起资产与权益总额发生变动，但是不会破坏基本会计等式的平衡关系。（   ）

17. 企业接受的捐赠应计入当期的收入。（   ）

18. 费用即损失，计入损失即计入当期费用。（   ）

19. 企业在收到购货方订金时应确认为一项负债。（   ）

20. 未来的交易或事项形成的义务可以确认为负债。（   ）

（五）业务计算题

1. 【目的】了解会计要素的确认。

【资料】某企业期初资产总额为 1 000 000 元，负债总额为 400 000 元，本期发生了以下业务：

（1）接受投资者追加的投资 100 000 元存入银行；

（2）出售产品一批，金额 300 000 元，款已收存银行，该批产品的成本为 250 000 元；

（3）收到一笔押金，金额 20 000 元，已存入银行；

（4）用银行存款支付本月的租金 10 000 元；

（5）用银行存款偿还欠款 100 000 元；

（6）接受捐赠的设备一台，价值 50 000 元；

（7）收回欠款 80 000 元，存入银行；

（8）用银行存款购入材料价值 20 000 元；

（9）赊购材料一批，价值 10 000 元。

【要求】假设没有其他的经济业务的发生，计算该企业期末的资产、负债、所有者权益，本期的收入、费用和利润。

2. 【目的】了解会计要素的确认和会计等式。

【资料】某公司2021年期初和期末的资产、负债如下：

项目	期初	期末
资产	500 000	600 000
负债	300 000	250 000

2021年该公司的费用总额为90 000元。

【要求】根据下列三种情况，分别计算该公司2021年度的利润和收入。

（1）该公司在2021年所有者投资未变。

（2）该公司在2021年所有者增加投资100 000元。

（3）该公司在2021年所有者收回投资50 000元。

3. 【目的】了解会计要素的确认和会计等式。

【资料】某企业期初资产总额为430 000元，负债总额为290 000元；期末资产总额为360 000元，本期所有者追加投资70 000元，本期内取得收入360 000元，发生费用250 000元。

【要求】请计算该企业期末的负债总额。

4.【目的】了解会计要素的确认和会计等式。

【资料】某企业期初的资产总额为 250 000 元，负债总额为 90 000 元；期末的资产总额为 300 000 元，负债总额为 130 000 元。本期取得收入 150 000 元，发生费用 90 000 元。

【要求】请判断本期投资者是追加了投资还是收回了投资，金额是多少？

（六）案例分析题

1.【资料】李想大学的专业是食品加工，毕业后就职于一家食品生产公司。工作几年后李想离开了这家公司，与自己的好友刘明租了一间店铺，创办了一个甜品工作坊。他和刘明各投资了 25 万元。因为自己的积蓄不够，向父母借了 10 万元。租的店铺的合同期限是 5 年，租金每个月 1 万元，此外业主还要求缴纳 2 万元作为押金。租完店铺，李想和刘明开始了工作。他们为了制作蛋糕等甜品共购入了 5 万元的设备。因为李想从事过蛋糕的生产，在这方面有经验，而刘明原来就是做销售的，于是李想负责蛋糕等甜品的制作，刘明负责原材料的采购和产品的推广宣传。他们又请了一个人作为店铺的服务员。经营了一段时间后，李想感觉甜品店的生意还不错。有一家公司下个月周年庆典，订了一批庆典蛋糕，预付了 2 万元的定金。甜品店为了这批蛋糕的制作，精心备料。这个月月末李想算了算账。售卖甜品收入一共是 40 万元（包括 2 万元的定金），甜品的成本是 20 万元。外部没有应收款，但是欠了供应商一笔货款，金额为 2 万元。现在仓库里屯了一批制作蛋糕的材料，这些材料价值 3 万元。在这一段时间里，支付给服务员的薪酬是 3 万元，李想和刘明也从店铺获取薪酬，他俩的薪酬总额是 8 万元。为了宣传蛋糕店，刘明印刷了一些传单，制作了一些小礼物进行分发，用去了 1 000 元。除了以上的花费外，还支付了水电费、管理费等费用，金额合计 5 000 元。

李想认为，甜品店收入是 40 万元，发生的费用包括：店铺的押金和租金、服务员以及他和刘明的薪酬、甜品的成本、水电费和管理费等，还有用于宣传的费用。甜品店的负债有欠供应商的 2 万元以及欠自己父母的 10 万元。

【要求】如果以甜品店为会计主体，你认为李想的观点有哪些是错误的？

2.【资料】小明向爸爸借了500元钱,向妈妈借了500元钱,买了一双鞋970元,还爸爸10元,还妈妈10元。小明欠了爸爸490元,欠了妈妈490元,他手里只剩10元钱,490+490+10=990,还有10元钱去哪儿了?

【要求】请用我们学过的会计等式和会计要素的知识分析一下,还有10元钱去哪儿了?

四、综合练习题参考答案

(一)名词解释

1. 会计对象就是会计所要反映和监督的内容,即会计所要反映和监督的客体。
2. 会计要素是会计核算对象的基本分类。
3. 资产是指企业过去的交易或事项形成的、由企业拥有或控制的、预期会给企业带来经济利益的资源。
4. 负债是指企业过去的交易或者事项形成的、预期会导致经济利益流出企业的现时义务。
5. 所有者权益是指企业资产扣除负债后,由所有者享有的剩余权益。
6. 收入是企业在日常活动中形成的、会导致所有者权益增加的、与所有者投入资本无关的经济利益的总流入。
7. 费用是指企业在日常活动中发生的、会导致所有者权益减少的、与向所有者分配利润无关的经济利益的总流出。
8. 利润是企业在一定会计期间的经营成果。
9. 损失是指由企业非日常活动所发生的、会导致所有者权益减少的、与向所有者分配利润无关的经济利益的流出。
10. 利得是指由企业非日常活动所形成的、会导致所有者权益增加的、与所有者投入资本无关的经济利益的流入。

(二)单项选择题

1. C   2. C   3. B   4. C   5. C   6. B   7. B   8. C   9. D

10. C 11. D 12. C 13. A 14. C 15. C 16. A 17. B 18. D
19. C 20. C 21. D 22. D 23. B 24. B 25. C

（三）多项选择题

1. BCD   2. ABCD   3. AC   4. AC   5. ABC
6. AB   7. ABCD   8. ABC   9. ABC   10. BC
11. BCD   12. ACD   13. ABCD 14. BCD 15. BC
16. BCD   17. CD   18. CD   19. ABD 20. BCD

（四）判断题

1. ×   2. √   3. √   4. ×   5. ×   6. √   7. √   8. √
9. ×   10. × 11. × 12. × 13. × 14. × 15. × 16. √
17. × 18. × 19. √ 20. ×

（五）业务计算题

1. 计算该企业期末的资产、负债、所有者权益，本期的收入、费用和利润：

资产 = 1 000 000 + 100 000 + 300 000 − 250 000 + 20 000 − 10 000 − 100 000
　　　+ 50 000 + 10 000
　　= 1 120 000（元）

负债 = 400 000 + 20 000 − 100 000 + 10 000 = 330 000（元）

所有者权益 = 1 120 000 − 330 000 = 790 000（元）

或所有者权益 = 600 000 + 100 000 + 300 000 − 250 000 − 10 000 + 50 000
　　　　　　 = 790 000（元）

收入 = 300 000（元）

费用 = 250 000 + 10 000 = 260 000（元）

利润 = 300 000 − 260 000 + 50 000 = 90 000（元）

2. 计算该公司2021年度的利润和收入：

期初所有者权益200 000元，期末所有者权益350 000元，期末比期初多150 000元。

（1）利润 = 150 000（元）

收入 = 150 000 + 90 000 = 240 000（元）

（2）利润 = 150 000 − 100 000 = 50 000（元）

收入 = 50 000 + 90 000 = 140 000（元）

（3）利润 = 150 000 + 50 000 = 200 000（元）

收入 = 200 000 + 90 000 = 290 000（元）

3. 计算该企业期末的负债总额：

利润 = 360 000 − 250 000 = 110 000（元）

所有者权益总的增加额 = 110 000 + 70 000 = 180 000（元）

期初的所有者权益 = 430 000 − 290 000 = 140 000（元）

期末的所有者权益 = 140 000 + 180 000 = 320 000（元）

期末的资产总额 = 360 000（元）

期末的负债总额 = 360 000 − 320 000 = 40 000（元）

4. 计算本期所有者投资金额：

期初的所有者权益为 160 000 元，期末的所有者权益为 170 000 元，期末的所有者权益比期初增加了 10 000 元，而本期的利润是 60 000 元，所以所有者收回了投资，金额为 50 000 元。

（六）案例分析题

1. 案例提示：以甜品店为会计主体，李想的观点错误的地方有：（1）押金因为将来会退还，所以不能算费用；（2）收的定金还没有交货，不能计入收入，应该计入负债；（3）李想欠父母的钱是李想个人的欠款，而不是甜品店的欠款；（4）设备的折旧也应计入费用。

2. 案例提示：如果小明是一个会计主体，小明的资产是手中的 10 元现金和价值 970 元的鞋，总额为 980 元，和他的欠款（欠父母各 490 元）总额是相等的。他的资产全部来源于负债。题目中等式的左边为 490 + 490 + 10，是把负债和一部分资产相加。根据会计等式：资产 = 负债 + 所有者权益，这种计算是没有任何意义的，也就是当我们把资产和负债相加时得出来的什么都不是。

第三章 复式记账

一、学习目的与要求

通过本章学习，要求掌握会计科目的内容，会计科目与账户的关系，设置账户的作用、账户的结构、账户的特点等问题；掌握复式记账的原理和借贷记账法的全部内容，包括借贷记账法的理论基础、记账符号、账户结构、记账规则、试算平衡等问题。

二、本章思考题

1. 什么是会计科目？
2. 为什么要设置会计科目？会计科目怎样分类及分级？
3. 什么是会计账户？各类账户的结构有何不同？
4. 什么是复式记账法？
5. 什么是借贷记账法，其要点有哪些？
6. 什么是会计分录？有哪几类会计分录？
7. 什么是账户对应关系？什么是对应账户？
8. 如何进行总账与明细账的平行登记？

三、综合练习题

（一）名词解释

1. 会计科目
2. 总分类科目
3. 会计账户
4. 记账方法
5. 复式记账法

6. 账户的对应关系

7. 总账与明细账的平行登记

8. 明细科目

9. 试算平衡

（二）单项选择题

1. 下列属于所有者权益类的会计科目是（　　）。
   A. 银行存款　　　B. 主营业务收入　　C. 本年利润　　　D. 无形资产
2. 下列属于负债类的会计科目是（　　）。
   A. 应收账款　　　B. 预收账款　　　　C. 预付账款　　　D. 应收票据
3. 为了满足会计信息的使用者对信息质量的要求，总账科目是由（　　）统一规定的。
   A. 各单位业务部门　　　　　　　　B. 财政部
   C. 单位主管部门　　　　　　　　　D. 地方财政部门
4. 简单会计分录是指（　　）的会计分录。
   A. 一借一贷　　　B. 一借多贷　　　　C. 多借一贷　　　D. 多借多贷
5. 在借贷复式记账法下与资产类账户结构相同的是（　　）。
   A. 所有者权益类账户　　　　　　　B. 收入类账户
   C. 负债类账户　　　　　　　　　　D. 费用类账户
6. 复式记账法要求对一笔经济业务要在（　　）相互联系的账户中进行记录。
   A. 一个　　　　　　　　　　　　　B. 两个
   C. 两个以上　　　　　　　　　　　D. 两个或两个以上
7. 某公司"应收账款"总账设有两个明细账户，分别是"甲公司"和"乙公司"。期末"应收账款"总账为借方余额 38 000 元，"甲公司"明细账为借方余额 20 000 元，则"乙公司"明细账为（　　）。
   A. 借方余额 58 000 元　　　　　　B. 贷方余额 58 000 元
   C. 借方余额 18 000 元　　　　　　D. 贷方余额 18 000 元
8. "原材料"账户初余额为 50 000 元，本期借方发生额 40 000 元，期末余额为 20 000 元，则本期贷方发生额为（　　）元。
   A. 10 000　　　　B. 30 000　　　　　C. 50 000　　　　D. 70 000
9. 下列分录属于复合会计分录的是（　　）。
   A. 借：银行存款　　　　　　　　　　　　　　　　　50 000
   　　　贷：应收账款——甲公司　　　　　　　　　　　　　　20 000
   　　　　　　　　　　——乙公司　　　　　　　　　　　　　30 000
   B. 借：原材料——甲材料　　　　　　　　　　　　　60 000
   　　　　　　——乙材料　　　　　　　　　　　　　30 000

        贷：在途物资——甲材料   60 000
                  ——乙材料   30 000
   C. 借：生产成本——甲产品   20 000
                  ——乙产品   40 000
        贷：应付职工薪酬   60 000
   D. 借：制造费用   20 000
        管理费用   10 000
        贷：累计折旧   30 000

10. 某公司"应付账款"总账设有"A公司""B公司""C公司"三个明细账，期末三个明细账的余额如下："A公司"明细账为贷方余额50 000元；"B公司"明细账为借方余额10 000元，"C公司"明细账为贷方余额30 000元，则"应付账款"总账余额为贷方（   ）元。

   A. 60 000   B. 70 000   C. 80 000   D. 90 000

11. 账户的余额一般在（   ）。

   A. 借方   B. 贷方
   C. 与记录的增加额在同一方向   D. 与记录的减少额在同一方向

12. 借贷记账法的理论基础是（   ）。

   A. 资产 = 负债 + 所有者权益
   B. 收入 – 费用 = 利润
   C. 借方发生额 = 贷方发生额
   D. 借方期末余额合计 = 贷方期末余额合计

13. 在借贷复式记账法下，下列说法中正确的是（   ）。

   A. 资产、负债和所有者权益的增加都登记在账户的借方
   B. 资产、负债和所有者权益的增加都登记在账户的贷方
   C. 负债、所有者权益的增加登记在账户的借方
   D. 负债、所有者权益的增加登记在账户的贷方

14. 在借贷复式记账法下，关于资产类账户的说法正确的是（   ）。

   A. 增加登记在借方，减少登记在贷方，期末余额一般在借方
   B. 增加登记在贷方，减少登记在借方，期末余额一般在贷方
   C. 增加登记在借方，减少登记在贷方，期末一般没有余额
   D. 增加登记在贷方，减少登记在借方，期末一般没有余额

15. 下列属于一级科目的是（   ）。

   A. 所有者投入的资本   B. 所有者权益
   C. 留存收益   D. 实收资本

16. 预付给供应单位的材料款应作为一项（   ）。

   A. 资产   B. 负债   C. 费用   D. 收入

17. 会计分录必须具备的要素是（   ）。

   A. 摘要、凭证号、金额

B. 账户名称、记账符号、金额

C. 借方、贷方金额

D. 总分类账户、明细分类账户、金额

18. 存在对应关系的账户称为（　　）。

    A. 总分类账户　　　　　　　　　B. 明细分类账户

    C. 对应账户　　　　　　　　　　D. 一级账户

19. 在借贷记账法下，所有者权益类账户的期末余额等于（　　）。

    A. 期初余额 + 借方本期发生额 − 贷方本期发生额

    B. 期初余额 + 贷方本期发生额 − 借方本期发生额

    C. 贷方本期发生额 − 借方本期发生额

    D. 借方本期发生额 − 贷方本期发生额

20. "有借必有贷，借贷必相等"的记账规则必定导致（　　）。

    A. 记账方向相反，记账金额相同　　B. 记账方向相同，记账金额相同

    C. 记账方向相反，记账金额不同　　D. 记账方向相同，记账金额不同

21. 按照科目反映的经济内容，下列属于成本类的科目是（　　）。

    A. 主营业务成本　　　　　　　　B. 制造费用

    C. 其他业务成本　　　　　　　　D. 管理费用

22. 会计科目按反映的经济内容分类，"本年利润"属于（　　）科目。

    A. 资产类　　B. 成本类　　C. 所有者权益类　　D. 损益类

23. 下列各项中，会导致试算不平衡的错误是（　　）。

    A. 重复记录了某项经济业务　　　B. 漏记某项经济业务

    C. 借方多记金额　　　　　　　　D. 借贷科目用错

24. 下列各项中属于非流动负债的是（　　）。

    A. 预收账款　　B. 应交税费　　C. 应付债券　　D. 应付利息

25. 借贷记账法下，发生额试算平衡的直接依据是（　　）。

    A. 资金的运动规律　　　　　　　B. 会计的基本等式

    C. 账户结构　　　　　　　　　　D. 有借必有贷，借贷必相等

（三）多项选择题

1. 下列属于会计科目的有（　　）。

   A. 银行存款　　B. 留存收益　　C. 应付账款　　D. 实收资本

2. 以下关于会计科目和会计账户说法正确的有（　　）。

   A. 会计科目和会计账户是完全一样的，没有任何区别

   B. 会计科目是设置会计账户的依据，是会计账户的名称

   C. 会计科目是对会计要素具体内容的分类，本身没有结构

   D. 会计账户有相应的结构

3. 在借贷复式记账法下，在账户贷方登记的内容有（　　）。

A. 资产的增加 B. 负债的增加
C. 所有者权益的增加 D. 收入的增加

4. 下列会计科目中属于负债类会计科目的有（　　）。
A. 短期借款　　　B. 应交税费　　　C. 累计折旧　　　D. 应付利息

5. 以下账户属于资产类的有（　　）。
A. 预付账款　　　B. 原材料　　　C. 其他应收款　　　D. 应收账款

6. 下列错误通过试算平衡不能发现的有（　　）。
A. 某项经济业务，借贷双方都少记了相同的金额
B. 某项经济业务，借贷双方的科目写反了，金额正确
C. 某项经济业务，只记录了借方
D. 某项经济业务借贷双方都记录了两次

7. 下列账户中，期末余额一般在贷方的有（　　）。
A. 银行存款　　　B. 原材料　　　C. 短期借款　　　D. 资本公积

8. 发生额的试算平衡包括（　　）。
A. 每笔会计分录的借方发生额 = 每笔会计分录的贷方发生额
B. 本期所有业务的借方发生额合计 = 本期所有业务的贷方发生额合计
C. 期末全部账户的借方余额合计 = 期末全部账户的贷方余额合计
D. 本期资产类账户的发生额合计 = 本期权益类账户的发生额合计

9. 关于损益类账户的结构，下列说法正确的有（　　）。
A. 收入类账户的贷方登记收入的增加额
B. 费用类账户的借方登记费用的增加额
C. 收入类和费用类账户期末一般没有余额
D. 期末收入类账户的余额在贷方，费用类账户的余额在借方

10. 以下等式正确的有（　　）。
A. 本期借方发生额合计 = 本期贷方发生额合计
B. 期末借方余额合计 = 期末贷方余额合计
C. 期初借方余额合计 = 期初贷方余额合计
D. 期初借方余额合计 = 期末借方余额合计

11. 下列有关账户和会计科目的表述正确的有（　　）。
A. 两者核算内容一致
B. 会计科目是设置账户的依据
C. 账户具有一定的格式结构，而会计科目没有
D. 账户和科目完全一致，没有区别

12. 总账与明细账平行登记的要点包括（　　）。
A. 记账人员相同　　　B. 会计期间相同
C. 记账方向相同　　　D. 金额相同

13. 下列账户属于所有者权益类的有（　　）。
A. 实收资本　　　B. 资本公积　　　C. 盈余公积　　　D. 利润分配

14. 账户一般可以提供的指标有（　　）。
   A. 期初余额　　　　　　　　　　　B. 借方本期发生额
   C. 贷方本期发生额　　　　　　　　D. 期末余额
15. 下列账户期末余额一般在贷方的有（　　）。
   A. 银行存款　　B. 实收资本　　C. 资本公积　　D. 短期借款

（四）判断题

1. 会计科目是账户的名称。　　　　　　　　　　　　　　　　　　　　　（　　）
2. 在实际工作中可以将多项不同的经济业务合并编制复合会计分录。
   　　　　　　　　　　　　　　　　　　　　　　　　　　　　　　　　（　　）
3. 如果试算平衡表的借贷不平衡，肯定账户记录有错误；但如果借贷平衡，却不能说明账户记录绝对正确，因为有些错误对借贷双方的平衡并不产生影响。
   　　　　　　　　　　　　　　　　　　　　　　　　　　　　　　　　（　　）
4. 在借贷复式记账法下，所有账户的余额计算公式都是"期末余额＝期初余额＋本期借方发生额－本期贷方发生额"。　　　　　　　　　　　　　　（　　）
5. 根据总分类和明细分类账平行登记的要求，登记总分类的同一天也一定要登记明细分类账。　　　　　　　　　　　　　　　　　　　　　　　　（　　）
6. 在借贷记账法下，账户的借方登记增加，贷方登记减少。　　　　　　（　　）
7. 会计科目和会计账户完全一样，两者没有任何区别。　　　　　　　　（　　）
8. 如果漏记了某项经济业务，试算平衡表的借贷方发生额就无法保持平衡。
   　　　　　　　　　　　　　　　　　　　　　　　　　　　　　　　　（　　）
9. 账户期末余额的大小完全取决于账户本期借贷方发生额。　　　　　　（　　）
10. 单式记账法对发生的经济业务只在一个账户中加以记录。　　　　　（　　）
11. 在所有者权益不变的情况下，一笔业务的发生不可能使一项资产增加，同时一项负债减少。　　　　　　　　　　　　　　　　　　　　　　　　（　　）
12. 总分类账的余额方向与所属明细分类账的余额方向一定相同。　　　（　　）
13. 我国《企业会计准则》规定，中国境内的企业都要采用借贷记账法记账。
   　　　　　　　　　　　　　　　　　　　　　　　　　　　　　　　　（　　）
14. 账户哪一方记录增加额，哪一方记录减少额，取决于账户所记录的经济内容和账户的性质。　　　　　　　　　　　　　　　　　　　　　　　　（　　）
15. 重复记录了某笔经济业务，这样的错误是无法通过试算平衡发现的。
   　　　　　　　　　　　　　　　　　　　　　　　　　　　　　　　　（　　）

（五）业务计算题

1. 【目的】练习账户的基本结构。
   【资料】某企业有关账户期初余额和本期发生额资料如下：

单位：元

账户名称	期初余额	本期增加发生额	本期减少发生额	期末余额
银行存款	400 000	① 100 000 ③ 20 000 ⑧ 150 000	② 5 000 ⑤ 50 000 ⑥ 200 000	( )
库存现金	1 200	② 5 000		( )
应收账款	30 000	④ 40 000	③ 20 000	( )
原材料	25 000	⑤ 50 000 ⑦ 18 000	⑨ 70 000	( )
生产成本	12 000	⑨ 70 000		( )
短期借款	200 000	① 100 000	⑥ 200 000	( )
应付账款	70 000	⑦ 18 000		( )
实收资本	500 000	⑧ 150 000		( )
主营业务收入		④ 40 000	⑩ 40 000	( )
本年利润		⑩ 40 000		( )

【要求】

（1）计算期末余额；

（2）补充会计分录。

2. 【目的】掌握账户余额的计算。

【资料】某企业部分账户的资料如下：

单位：元

账户名称	期初余额		本期发生额		期末余额	
	借方	贷方	借方	贷方	借方	贷方
库存现金	2 000		4 500	5 300	（ ）	
固定资产	（ ）		500 000	200 000	1 000 000	
应收账款	100 000		（ ）	80 000	60 000	
原材料	130 000		180 000	（ ）	100 000	
应交税费		（ ）	30 000	20 000		8 500
短期借款		250 000	200 000	（ ）		180 000
资本公积		250 000	（ ）	100 000		200 000

【要求】计算括号中的数字。

3. 【目的】掌握发生额及余额试算平衡表。

【资料】某企业期初账户余额资料如下：

单位：元

账户名称	借方余额	账户名称	贷方余额
库存现金	2 000	短期借款	180 000
银行存款	150 000	应付账款	34 000
应收账款	10 000	应交税费	3 000
原材料	60 000	应付职工薪酬	5 000
生产成本	140 000	实收资本	500 000
库存商品	60 000	盈余公积	50 000
固定资产	450 000	利润分配	100 000
合计	872 000	合计	872 000

本月发生的经济业务如下：

（1）用银行存款支付税费 3 000 元；
（2）收回货款 5 000 元存入银行；
（3）购买材料 10 000 元，款未付；
（4）借入短期借款 50 000 元，存入银行；
（5）收到某单位投入的资本 50 000 元，存入银行；
（6）从银行提取备用金 2 000 元；
（7）用银行存款购入固定资产一台，价值 50 000 元；
（8）以银行存款偿还前欠货款 20 000 元。

【要求】
（1）编制会计分录。
（2）编制发生额及余额试算平衡表。

发生额及余额试算平衡表　　　　　　　　　　　单位：元

账户名称	期初余额		本期发生额		期末余额	
	借方	贷方	借方	贷方	借方	贷方
库存现金						
银行存款						
应收账款						
原材料						
生产成本						
库存商品						
固定资产						
短期借款						
应付账款						
应交税费						
应付职工薪酬						
实收资本						
盈余公积						
利润分配						
合计						

（六）案例分析题

【资料】李明本科专业是会计，在大三的暑假找了一家公司，在公司的财务部门实习。实习了一段时间，正赶上公司月末结账。他的实习指导老师要李明编制试算平衡表。李明接过实习指导老师手中的总账账簿认真地开始了工作。过了1个小时左右，李明编制了一张试算平衡表，期初余额、期末余额和本期发生额都是平的，看着表格中的三组数据他感到非常高兴，也很有成就感。还没来得及向实习老师交差，会计员小李拿了一沓凭证走了过来，说道："还有几笔业务没有登账呢。原来有一张凭证我核对了一下金额，应该是4 500元，不是5 000元，需要更正。"李明觉得有些困惑，试算平衡表不是编平了吗？怎么还会错呢？

【要求】请你帮李明分析一下，哪些错误是通过试算平衡表无法发现的。

四、综合练习题参考答案

（一）名词解释

1. 对会计要素对象的具体内容进行分类核算的项目称为会计科目。
2. 总分类科目又称总账科目或一级科目，是对会计要素的具体内容进行总括分类的会计科目，是进行总分类核算的依据。
3. 会计账户，是指具有一定格式，用来分类、连续地记录经济业务，反映会计要素增减变动及其结果的一种核算工具。
4. 记账方法，就是账簿登记经济业务的方法，即根据一定的记账原则、记账符号、记账规则，采用一定的计量单位，利用文字和数字把经济业务记到账簿中去的一种专门方法。
5. 复式记账法是指对每一笔经济业务，都要用相等的金额，在两个或两个以上相互联系的账户中进行记录的记账方法。
6. 在运用借贷记账法进行核算时，在有关账户之间存在着应借、应贷的相互关系，账户之间的这种相互关系称为账户的对应关系。
7. 总账和明细账的平行登记就是对每一项经济业务，一方面要在有关的总账账户中进行总括登记；另一方面还要在其所属的有关明细账户中进行明细登记。
8. 明细科目也称为明细分类会计科目、细目，是在总账科目的基础上，对总账科目所反映的经济内容进行进一步详细分类的会计科目，以提供更详细、更具体的会计信息的科目。

9. 试算平衡是指根据会计恒等式"资产＝负债＋所有者权益"以及借贷记账法的记账规则，通过汇总、检查和验算确定所有账户记录是否正确的过程。它包括发生额试算平衡和余额试算平衡。

（二）单项选择题

1. C   2. B   3. B   4. A   5. D   6. D   7. C   8. D   9. D
10. B   11. C   12. A   13. D   14. A   15. D   16. A   17. B   18. C
19. B   20. A   21. B   22. C   23. C   24. C   25. D

（三）多项选择题

1. ACD   2. BCD   3. BCD   4. ABD   5. ABCD
6. ABD   7. AB   8. AB   9. ABC   10. ABC
11. ABC   12. BCD   13. ABCD   14. ABCD   15. BCD

（四）判断题

1. √   2. ×   3. √   4. ×   5. ×   6. ×   7. ×   8. ×
9. ×   10. √   11. √   12. ×   13. √   14. √   15. √

（五）业务计算题

1. （1）计算填列表中的期末余额：

单位：元

账户名称	期初余额	本期增加发生额	本期减少发生额	期末余额
银行存款	40 000	① 100 000 ③ 20 000 ⑧ 150 000	② 5 000 ⑤ 50 000 ⑥ 200 000	415 000
库存现金	1 200	② 5 000		6 200
应收账款	30 000	④ 40 000	③ 20 000	50 000
原材料	25 000	⑤ 50 000 ⑦ 18 000	⑨ 70 000	23 000
生产成本	12 000	⑨ 70 000		82 000
短期借款	200 000	① 100 000	⑥ 200 000	100 000
应付账款	70 000	⑦ 18 000		88 000
实收资本	500 000	⑧ 150 000		650 000
主营业务收入		④ 40 000	⑩ 40 000	0
本年利润		⑩ 40 000		40 000

· 33 ·

（2）补充会计分录：

①借：银行存款　　　　　　　　　　　　　　100 000
　　　贷：短期借款　　　　　　　　　　　　　　　　100 000
②借：库存现金　　　　　　　　　　　　　　 5 000
　　　贷：银行存款　　　　　　　　　　　　　　　　 5 000
③借：银行存款　　　　　　　　　　　　　　 20 000
　　　贷：应收账款　　　　　　　　　　　　　　　 20 000
④借：应收账款　　　　　　　　　　　　　　 40 000
　　　贷：主营业务收入　　　　　　　　　　　　　 40 000
⑤借：原材料　　　　　　　　　　　　　　　 50 000
　　　贷：银行存款　　　　　　　　　　　　　　　 50 000
⑥借：短期借款　　　　　　　　　　　　　　200 000
　　　贷：银行存款　　　　　　　　　　　　　　　 200 000
⑦借：原材料　　　　　　　　　　　　　　　 18 000
　　　贷：应付账款　　　　　　　　　　　　　　　 18 000
⑧借：银行存款　　　　　　　　　　　　　　150 000
　　　贷：实收资本　　　　　　　　　　　　　　　 150 000
⑨借：生产成本　　　　　　　　　　　　　　 70 000
　　　贷：原材料　　　　　　　　　　　　　　　　 70 000
⑩借：主营业务收入　　　　　　　　　　　　 40 000
　　　贷：本年利润　　　　　　　　　　　　　　　 40 000

2.

单位：元

账户名称	期初余额		本期发生额		期末余额	
	借方	贷方	借方	贷方	借方	贷方
库存现金	2 000		4 500	5 300	(1 200)	
固定资产	(700 000)		500 000	200 000	1 000 000	
应收账款	100 000		(40 000)	80 000	60 000	
原材料	130 000		180 000	(210 000)	100 000	
应交税费		(18 500)	30 000	20 000		8 500
短期借款		250 000	200 000	(130 000)		180 000
资本公积		250 000	(150 000)	100 000		200 000

3.（1）编制会计分录：

①借：应交税费　　　　　　　　　　　　　　 3 000
　　　贷：银行存款　　　　　　　　　　　　　　　　 3 000
②借：银行存款　　　　　　　　　　　　　　 5 000
　　　贷：应收账款　　　　　　　　　　　　　　　 5 000

③借：原材料　　　　　　　　　　　　　　　　　10 000
　　贷：应付账款　　　　　　　　　　　　　　　　　　10 000
④借：银行存款　　　　　　　　　　　　　　　　　50 000
　　贷：短期借款　　　　　　　　　　　　　　　　　　50 000
⑤借：银行存款　　　　　　　　　　　　　　　　　50 000
　　贷：实收资本　　　　　　　　　　　　　　　　　　50 000
⑥借：库存现金　　　　　　　　　　　　　　　　　2 000
　　贷：银行存款　　　　　　　　　　　　　　　　　　2 000
⑦借：固定资产　　　　　　　　　　　　　　　　　50 000
　　贷：银行存款　　　　　　　　　　　　　　　　　　50 000
⑧借：应付账款　　　　　　　　　　　　　　　　　20 000
　　贷：银行存款　　　　　　　　　　　　　　　　　　20 000

（2）编制发生额及余额试算平衡表：

单位：元

账户名称	期初余额		本期发生额		期末余额	
	借方	贷方	借方	贷方	借方	贷方
库存现金	2 000		2 000		4 000	
银行存款	150 000		105 000	75 000	180 000	
应收账款	10 000			5 000	5 000	
原材料	60 000		10 000		70 000	
生产成本	140 000				140 000	
库存商品	60 000				60 000	
固定资产	450 000		50 000		500 000	
短期借款		180 000		50 000		230 000
应付账款		34 000	20 000	10 000		24 000
应交税费		3 000	3 000			0
应付职工薪酬		5 000				5 000
实收资本		500 000		50 000		550 000
盈余公积		50 000				50 000
利润分配		100 000				100 000
合计	872 000	872 000	190 000	190 000	959 000	959 000

（六）案例分析题

案例提示：试算平衡表如果不平衡，记账一定有错误；但试算平衡表如果编平衡了，却不能说明账户记录绝对正确，因为有些错误对于借贷双方的平衡并不产生影响。例如漏记某项经济业务、重复记录了某项经济业务、分录科目错误，借贷方向写反了，这些错误的发生并不影响试算平衡表的平衡关系。

第四章 制造业企业主要经济业务的核算

一、学习目的与要求

制造业企业的经济活动主要包括供应、生产、销售活动，相应地，其会计核算也比较全面，能详细地阐述会计账户和复式记账法的运用。通过本章的学习，应当掌握制造业企业的主要经济业务，包括资金筹集业务、供应过程业务、生产过程业务、销售过程业务、财务成果形成与分配业务、资金退出业务等核算时应设置的主要账户和具体的核算方法，从而完整地了解制造业企业核算的整个流程。

二、本章思考题

1. 制造业企业主要的经济业务内容有哪些？
2. 所有者直接投入资本主要有哪些？
3. 短期借款和长期借款利息处理有什么不同？
4. 材料采购成本由哪些项目构成？
5. 先进先出法和加权平均法各自的优缺点？
6. 固定资产折旧的方法有哪些？
7. 无形资产主要包括哪些项目？
8. 产品生产成本由哪些项目构成？
9. 职工薪酬的含义和分类？
10. 商品销售收入是如何确认的？
11. 如何计算企业的营业利润、利润总额和净利润？
12. 利润分配的顺序？

三、综合练习题

（一）名词解释

1. 实收资本
2. 加权平均法
3. 短期借款
4. 固定资产
5. 存货
6. 原材料
7. 长期借款
8. 间接费用
9. 职工薪酬
10. 直接费用
11. 营业外支出
12. 净利润
13. 销售费用
14. 账结法
15. 固定资产折旧
16. 营业外收入
17. 资本公积
18. 财务费用
19. 完工产品
20. 无形资产

（二）单项选择题

1. 某企业为增值税一般纳税人，2021年10月购入一台生产设备，买价100 000元，增值税13 000元，支付的安装费10 000元，为培训员工操作设备支付了1 000元培训费，该项固定资产的入账价值为（　　）元。
   A. 100 000   B. 113 000   C. 110 000   D. 111 000

2. 某企业为增值税一般纳税人，购入原材料一批，价款20 000元，增值税2 600元，支付的运杂费2 000元，采购人员的差旅费800元，则该批材料的入账价值为（　　）元。
   A. 22 600   B. 24 600   C. 22 000   D. 25 400

3. 期末"生产成本"账户余额表示（　　）。

A. 库存商品的价值　　　　　　　　B. 原材料的价值
C. 在途材料的价值　　　　　　　　D. 在产品的价值

4. 在销售过程中与"主营业务收入"不可能发生对应关系的账户是（　　）。
A. 库存现金　　B. 银行存款　　C. 应收票据　　D. 累计折旧

5. 企业为满足生产经营所需资金而向金融机构临时借入的款项应放入（　　）账户核算。
A. 短期借款　　B. 长期借款　　C. 临时借款　　D. 财务费用

6. 车间管理人员的工资应该计入（　　）账户。
A. 生产成本　　B. 库存商品　　C. 制造费用　　D. 管理费用

7. 企业为筹集生产经营所需资金而发生的利息应记入（　　）账户。
A. 管理费用　　B. 短期借款　　C. 财务费用　　D. 制造费用

8. 下列费用中，不构成产品成本，而应直接计入当期损益的是（　　）
A. 制造费用　　B. 管理费用　　C. 直接材料　　D. 直接人工

9. 购入需要安装的固定资产，其价值应先记入（　　）账户，待安装完毕后，再转入"固定资产"账户。
A. 在途物资　　B. 原材料　　C. 在建工程　　D. 生产成本

10. 某公司实收资本 200 万元，由甲、乙两个股东各出资 100 万元设立，经过 5 年的经营，该公司的留存收益为 150 万元，这时丙投资者有意加入该公司，经各方协商，丙出资 200 万元，占公司股份的 1/3，则该公司在接受丙投资时计入资本公积的金额为（　　）万元。
A. 25　　　　B. 50　　　　C. 75　　　　D. 100

11. 企业计提短期借款利息时应借记（　　）。
A. 财务费用　　B. 管理费用　　C. 销售费用　　D. 应付利息

12. 某企业 5 月末资产总额 100 万元，6 月以银行存款缴纳税费 1 万元，收回应收账款 10 万元，预收购货单位货款 3 万元，假设 6 月没有其他的业务发生，则 6 月末该企业的资产总额为（　　）万元。
A. 100　　　　B. 101　　　　C. 102　　　　D. 103

13. 下列账户中与"制造费用"账户不可能发生对应关系的账户是（　　）。
A. 原材料　　B. 生产成本　　C. 应付职工薪酬　　D. 在途物资

14. 年末结账后"利润分配"账户的贷方余额表示（　　）。
A. 本年实现的利润总额　　　　B. 本年实现的利润净额
C. 本年的利润分配额　　　　　D. 累计的未分配利润额

15. 某企业年初所有者权益总额为 300 万元，本年以资本公积转增资本 50 万元，收到投资者投入的资本 100 万元，本年的净利润为 60 万元，在年末所有者权益总额为（　　）万元。
A. 410　　　　B. 400　　　　C. 350　　　　D. 460

16. 甲公司本期应交增值税 32 万元，应交消费税 18 万元，应交城市建设维护税 3.5 万元，应交教育费附加 1.5 万元。在期末"税金及附加"账户未结转之前，该账户的余额为（　　）万元。

　　A. 40　　　　　　B. 23　　　　　　C. 55　　　　　　D. 37

17. 下列有关长期借款利息的处理可能正确的是（　　）。

　　A. 借记"财务费用"科目　　　　　　B. 借记"管理费用"科目
　　C. 借记"销售费用"科目　　　　　　D. 借记"主营业务成本"科目

18. 某企业为增值税一般纳税人，销售产品一批，含税价是 56 500 元，增值税税率为 13%，款未收。另外用银行存款替对方代垫 3 000 元的运杂费，则该企业计入应收账款的金额为（　　）元。

　　A. 5 0000　　　B. 59 500　　　C. 53 000　　　D. 56 500

19. 某企业 6 月初"生产成本"账户的余额为 20 000 元，本月因生产领用材料 5 000 元，生产工人工资 10 000 元，管理费用 2 000 元，制造费用 5 000 元，假设月末没有在产品。则本月完工产品的成本为（　　）元。

　　A. 40 000　　　B. 22 000　　　C. 42 000　　　D. 20 000

20. 发生以下（　　）业务，可以使"原材料""生产成本""制造费用""管理费用"出现在一笔分录中。

　　A. 生产领用原材料　　　　　　B. 管理部门领用原材料
　　C. 各部门领用原材料　　　　　　D. 车间领用原材料

21. 企业购买材料运输途中发生的合理损耗应（　　）。

　　A. 计入材料成本　　　　　　B. 由运输单位赔偿
　　C. 从材料成本中扣除　　　　　　D. 计入管理费用

22. 企业发生的下列税费中，与企业计算利润无关的是（　　）

　　A. 消费税　　　　　　B. 印花税
　　C. 城市建设维护税　　　　　　D. 增值税

23. 某企业为增值税一般纳税人，外购材料 1 000 千克，价款 18 000 元，增值税税额为 2 340 元，入库时短缺 20 千克，短缺的材料为运输途中的合理损耗，则该批材料的入账价值为（　　）元。

　　A. 18 000　　　B. 20 340　　　C. 17 640　　　D. 19 933

24. 某企业本期已销产品的制造成本为 60 000 元，销售费用 2 000 元，税金及附加 6 000 元，则产品的销售成本为（　　）元。

　　A. 60 000　　　B. 62 000　　　C. 66 000　　　D. 68 000

25. 企业设置"固定资产"账户是用来反映固定资产的（　　）。

　　A. 原始价值　　　B. 磨损价值　　　C. 净值　　　D. 市值

26. 下列项目中，对营业利润会产生影响的是（　　）。

　　A. 对灾区捐赠现金 10 000 元　　　　　　B. 支付罚款 200 元
　　C. 收到包装物押金 1 000 元　　　　　　D. 收到包装物租金 1 000 元

27. 期末，损益类账户都应转入（　　）账户，结转后，损益类账户应无余额。

　　A. 本年利润　　　B. 利润分配　　　C. 盈余公积　　　D. 资本公积

28. 某企业本期发生以下支出：车间办公费800元，厂部办公费1 000元，宣传费2 000元，行政管理部门设备维修费1 500元，车间水电费3 500元，厂部水电费1 800元，缴纳税费20 000元，应记入"制造费用"账户的金额为（   ）元。

　　A. 4 300　　　　　　B. 5 800　　　　　　C. 7 100　　　　　　D. 25 800

29. 某企业期初"生产成本——甲产品"账户余额为30 000元，本期借方发生额为70 000元，期末余额为20 000元，则本期完工甲产品成本为（   ）元。

　　A. 90 000　　　　　B. 120 000　　　　　C. 80 000　　　　　D. 70 000

30. 不应计入产品成本的费用是（   ）。

　　A. 制造费用
　　B. 行政部门固定资产的日常修理费
　　C. 直接材料费用
　　D. 直接人工费用

31. 销售产品一批，货款未收，应记入（   ）账户的贷方。

　　A. 应收账款　　　B. 主营业务收入　　　C. 主营业务成本　　　D. 库存商品

32. "利润分配"账户在年终结转后出现借方余额表示（   ）。

　　A. 未分配的利润额　　　　　　　　B. 已分配的利润额
　　C. 未弥补的亏损额　　　　　　　　D. 已实现的利润额

33. 下列各项支出中，应作为营业外支出核算的是（   ）。

　　A. 罚款支出　　　　　　　　　　　B. 利息支出
　　C. 支付的商标使用费　　　　　　　D. 购买材料支出

34. 某企业为增值税一般纳税人，2021年该企业购入一台需要安装的生产设备，设备买价100 000元，支付的增值税13 000元，支付的装卸费10 000元。在安装过程中，支付给安装工人的工资5 000元，另外领用了原材料价值2 000元。设备安装完毕，投入使用。该设备的入账价值为（   ）元。

　　A. 130 000　　　　　B. 177 000　　　　　C. 117 000　　　　　D. 123 000

35. 某企业"生产成本——甲产品"账户期初余额为250 000元，本期为生产甲产品而领用材料100 000元，应支付给生产甲产品的工人工资150 000元，甲产品应承担的制造费用180 000元，本期发生的管理费用20 000元，发生的销售费用30 000元，假设本期完工的甲产品成本为520 000元，则"生产成本——甲产品"账户的期末余额为（   ）元。

　　A. 250 000　　　　　B. 160 000　　　　　C. 210 000　　　　　D. 460 000

36. 某企业为增值税一般纳税人，本期购入原材料500千克，买价为38 000元，增值税为4 940元，发生的运杂费5 700元，入库前的挑选整理费1 900元，入库时发现材料短缺5%，经查属于运输途中的合理损耗，则该批材料的单位成本为（   ）元/千克。

　　A. 76　　　　　　　B. 96　　　　　　　C. 91.20　　　　　　D. 88.92

37. 企业用当年实现的利润弥补亏损时，应作的会计处理是（   ）。

　　A. 借记"本年利润"账户，贷记"利润分配"账户

B. 借记"利润分配"账户，贷记"资本公积"账户
C. 借记"本年利润"账户，贷记"盈余公积"账户
D. 无须专门会计处理

38. 某公司所有者权益期初总额为 300 000 元，该公司当年收入为 600 000 元，费用为 400 000 元（假设不考虑所得税），宣告分配 50 000 元的利润，则该公司期末所有者权益总额为（　　）元。
   A. 900 000　　　B. 450 000　　　C. 150 000　　　D. 500 000

39. 某企业期初资产总额为 800 000 元，负债总额为 350 000 元，发生以下经济业务：以银行存款 100 000 元偿还短期借款，以银行存款 300 000 元购入设备一台（不考虑增值税），接受投资者投入的货币资金 50 000 元，则期末所有者权益总额为（　　）元。
   A. 450 000　　　B. 500 000　　　C. 200 000　　　D. 350 000

40. 如果某企业所有者权益被高估，这项错误可能是由下列（　　）引起的。
   A. 赊销收入没有入账　　　　B. 收回欠款，误记为本期收入
   C. 重复计提了折旧　　　　　D. 购入的原材料没有入账

41. 下列（　　）会使当月费用增加。
   A. 偿还欠款　　　　　　　　B. 计提短期借款利息
   C. 购买材料　　　　　　　　D. 职工预支差旅费

42. 某公司本年营业收入为 600 万元，营业成本为 400 万元，税金及附加为 40 万元，管理费用为 50 万元，财务费用为 8 万元，销售费用为 60 万元，营业外收入为 7 万元，营业外支出为 3 万元，则企业本年的营业利润为（　　）万元。
   A. 46　　　　　B. 42　　　　　C. 140　　　　　D. 200

43. 某企业年初"利润分配——未分配利润"账户为贷方余额 20 000 元，本年实现净利润 50 000 元，按 10% 提取法定盈余公积金，按 5% 提取任意盈余公积金，宣告发放现金股利 10 000 元，则该企业年末"利润分配——未分配利润"账户余额为（　　）元。
   A. 70 000　　　B. 52 500　　　C. 60 000　　　D. 42 500

44. 到期还本付息的短期借款在各期末预提利息时，应记入的账户是（　　）。
   A. 短期借款　　　B. 长期借款　　　C. 管理费用　　　D. 应付利息

45. 下列交易或事项能引起"资本公积"账户借方发生变动的是（　　）。
   A. 用资本公积转增资本　　　B. 对外捐赠
   C. 向股东分配股利　　　　　D. 溢价发行股票

46. 关于固定资产以下说法不正确的是（　　）。
   A. 企业持有固定资产的目的是为生产商品、提供劳务、出租或经营管理的需要
   B. 固定资产的使用寿命一般超过一个会计年度
   C. 固定资产是有形资产
   D. 企业持有固定资产的目的可能是像商品一样对外出售

47. 企业发生的下列税费中，与企业计算损益无关的是（　　）。
   A. 消费税　　　　　　　　　　　B. 城市维护建设税
   C. 增值税　　　　　　　　　　　D. 所得税
48. 以下项目对企业的营业利润有影响的是（　　）。
   A. 营业外收入　B. 营业外支出　C. 所得税费用　D. 投资收益
49. 下列内容不属于销售费用的是（　　）。
   A. 销售部门设备的折旧　　　　　B. 广告费用
   C. 销售机构的经费　　　　　　　D. 销售商品替对方代垫的运费
50. 下列账户期末结转后，可能有余额的是（　　）
   A. 生产成本　　　　　　　　　　B. 财务费用
   C. 主营业务成本　　　　　　　　D. 税金及附加

（三）多项选择题

1. 企业在计提短期借款利息时可能用到的会计科目有（　　）。
   A. 应付利息　B. 财务费用　C. 短期借款　D. 长期借款
2. 某企业为增值税一般纳税人，购入材料一批，买价10 000元，增值税1 300元，对方代垫了1 000元运费，款项尚未支付，材料还在运输途中。该笔业务涉及的账户有（　　）。
   A. 管理费用
   B. 在途物资
   C. 应交税费——应交增值税（进项税额）
   D. 应付账款
3. 对于制造业企业来说，可以确认为其他业务收入的有（　　）。
   A. 出售原材料　　　　　　　　　B. 出售固定资产
   C. 出售无形资产　　　　　　　　D. 出租包装物
4. 下列各项内容中应作为管理费用核算的有（　　）。
   A. 管理部门所使用的固定资产的折旧
   B. 车间所使用的固定资产的折旧
   C. 销售部门所使用的固定资产的折旧
   D. 管理部门固定资产的日常维修费
5. 下列业务能同时使资产和负债发生变化的有（　　）。
   A. 赊购材料　　　　　　　　　　B. 收回欠款
   C. 支付已宣告的现金股利　　　　D. 偿还借款
6. 下列业务中，不能引起所有者权益总额发生变化的有（　　）。
   A. 用资本公积转增资本　　　　　B. 用盈余公积弥补亏损
   C. 向投资者分配利润　　　　　　D. 从净利润中提取盈余公积
7. 某企业为增值税一般纳税人，以下（　　）应计入材料的入账价值。

A. 材料的购买价款　　　　　　　　B. 购入材料的增值税进项税额
C. 采购人员的差旅费　　　　　　　D. 运输途中的合理损耗

8. 在"税金及附加"账户借方登记的内容有（　　）。
A. 教育费附加　　B. 增值税　　C. 印花税　　D. 消费税

9. 对于长期借款利息的处理，下列可能正确的有（　　）。
A. 借记"财务费用"账户　　　　　B. 借记"固定资产"账户
C. 借记"在建工程"账户　　　　　D. 贷记"应付利息"账户

10. 企业年终结账后，（　　）账户应该没有余额。
A. 本年利润　　　　　　　　　　　B. 利润分配——未分配利润
C. 生产成本　　　　　　　　　　　D. 营业外收入

11. 下列项目中，应记入"制造费用"账户的有（　　）。
A. 车间生产工人的工资　　　　　　B. 车间管理人员的工资
C. 车间办公费　　　　　　　　　　D. 车间水电费

12. 计提固定资产折旧时，借方可能涉及的账户有（　　）。
A. 销售费用　　　　　　　　　　　B. 管理费用
C. 财务费用　　　　　　　　　　　D. 制造费用

13. 下列关于"生产成本"账户的表述，正确的有（　　）。
A. 期末一定没有余额
B. 期末如果有余额，一定在借方
C. 期末余额表示未完工产品的价值
D. 期末余额表示本期发生的生产费用总额

14. 下列账户中，能与"主营业务收入"账户产生对应关系的账户有（　　）。
A. 银行存款　　B. 本年利润　　C. 应收账款　　D. 应收票据

15. 下列账户中，期末应将余额转入"本年利润"账户的有（　　）。
A. 财务费用　　　　　　　　　　　B. 制造费用
C. 库存商品　　　　　　　　　　　D. 主营业务成本

16. 在核算材料采购业务时，与"在途物资"账户可能发生对应关系的账户有（　　）。
A. 应付账款　　B. 预付账款　　C. 应付票据　　D. 银行存款

17. 关于制造费用账户，下列说法正确的有（　　）。
A. 借方登记实际发生的各项制造费用
B. 贷方登记分配转入生产成本账户的金额
C. 期末一般应无余额
D. 期末结转至"本年利润"账户后，该账户没有余额

18. 月末分配工资费用时可能涉及的账户有（　　）。
A. 销售费用　　B. 财务费用　　C. 生产成本　　D. 制造费用

19. 某企业为增值税一般纳税人，在销售产品时，会计误将增值税的销项税额记入"主营业务收入"账户，则会导致（　　）。

A. 本期收入增加 B. 本期负债增加
C. 本期负债减少 D. 应交税费增加

20. 下列（　　）对营业利润的计算没有影响。
   A. 营业外收入 B. 主营业务收入 C. 营业外支出 D. 财务费用

21. 下列属于期间费用的有（　　）。
   A. 管理费用 B. 制造费用 C. 财务费用 D. 销售费用

22. 下列各项内容中，能够引起所有者权益总额发生增减变动的有（　　）。
   A. 用净利润弥补以前年度亏损 B. 宣告发放现金股利
   C. 资本公积转增资本 D. 投资者追加投资

23. 当有投资者对企业追加投资时，下列账户的余额可能发生改变的有（　　）。
   A. 实收资本 B. 资本公积 C. 盈余公积 D. 本年利润

24. 下列经济业务的发生，不会引起留存收益发生变动的有（　　）。
   A. 盈余公积弥补亏损 B. 盈余公积转增资本
   C. 计提盈余公积 D. 宣告发放现金股利，尚未发放

25. 下列各项内容应通过"应付职工薪酬"账户核算的有（　　）。
   A. 工会经费 B. 职工教育经费 C. 住房公积金 D. 医疗保险

26. 某企业为增值税一般纳税人，该企业购入需要安装的设备一台，用银行存款支付买价、税费、运费和包装费，在安装过程中耗用了人力、材料，安装完毕交付使用。这项业务涉及的账户有（　　）。
   A. 在建工程 B. 原材料 C. 应交税费 D. 固定资产

27. 一般情况下"生产成本"账户的借方登记（　　）。
   A. 直接材料 B. 直接人工
   C. 分配计入的制造费用 D. 管理费用

28. 能够与"应付职工薪酬"账户贷方产生对应关系的账户有（　　）。
   A. 生产成本 B. 制造费用 C. 管理费用 D. 财务费用

29. 某企业为增值税一般纳税人，如果把购入材料的增值税进项税额计入材料的采购成本，会导致（　　）。
   A. 资产增加 B. 负债增加
   C. 费用增加 D. 应交税费增加

30. 下列（　　）会对企业计算完工产品的成本产生影响。
   A. 期初在产品成本 B. 期末在产品成本
   C. 本期生产过程发生的费用 D. 本期发生的销售费用

31. 下列属于所有者权益的账户有（　　）。
   A. 实收资本 B. 资本公积 C. 利润分配 D. 盈余公积

32. 领用材料可能涉及的账户有（　　）。
   A. 在途物资 B. 原材料 C. 生产成本 D. 制造费用

33. 期末结转当期损益，可能贷记的账户有（　　）。
   A. 管理费用 B. 主营业务收入

C. 投资收益　　　　　　　　　　D. 税金及附加

34. 下列属于"财务费用"账户核算的内容有（　　）。
   A. 财务人员的工资　　　　　　B. 短期借款的利息
   C. 汇款的手续费　　　　　　　D. 财务部门的办公费

35. 某企业为增值税一般纳税人，出售多余材料一批，所得款项已存入银行。该笔业务涉及的账户有（　　）。
   A. 其他业务收入
   B. 银行存款
   C. 应交税费——应交增值税（销项税额）
   D. 其他业务成本

36. 以下属于存货的有（　　）。
   A. 原材料　　　B. 周转材料　　　C. 在产品　　　D. 产成品

37. 按现行制度规定，存货发出的计价方法有（　　）。
   A. 先进先出法　　　　　　　　B. 后进先出法
   C. 加权平均法　　　　　　　　D. 移动平均法

38. 固定资产在计提折旧时应考虑的因素有（　　）。
   A. 残值收入　　　　　　　　　B. 清理费用
   C. 使用寿命　　　　　　　　　D. 固定资产原值

39. 关于"累计折旧"账户，下列说法正确的有（　　）。
   A. 是资产类账户
   B. 期末余额在借方
   C. 贷方登记折旧的增加数
   D. 借方登记因减少固定资产而应注销的已提折旧数

40. 以下应归入无形资产核算的有（　　）。
   A. 专利权　　　B. 商标权　　　C. 土地使用权　　　D. 著作权

（四）判断题

1. 企业接受捐赠物资一批，价值9万元，该项经济业务引起收入增加，权益增加。（　　）
2. 任意两个账户都能产生对应关系。（　　）
3. "短期借款"账户也可以核算应付未付的借款利息。（　　）
4. "制造费用"账户的贷方登记期末转入"本年利润"账户的金额。（　　）
5. 企业的销售业务，只有在收到货款后才能确认为收入的实现。（　　）
6. "在途物资"账户的期末余额表示尚在运输途中或虽已到达但尚未验收入库材料的实际成本。（　　）
7. 外购材料的单位成本就是供货单位开出的发票上的材料单价。（　　）

8. 因为"累计折旧"账户是资产类账户，所以其余额应在借方。（   ）

9. "制造费用"是损益类账户，所以期末没有余额。（   ）

10. 短期借款利息在计提和实际支付时均不通过"短期借款"科目核算。
（   ）

11. 短期借款的利息支出应计入"财务费用"账户。（   ）

12. 结转已销售商品的生产成本时，应贷记"生产成本"账户。（   ）

13. 非营业活动产生的收益和损失应记入"营业外收入"和"营业外支出"账户，而且两者之间存在内在联系。（   ）

14. 计提固定资产折旧表示固定资产价值的减少，应贷记"固定资产"账户。（   ）

15. 管理费用应采用一定的分配方法计入各产品成本中。（   ）

16. 任何流入企业的资产都可以定义为收入。（   ）

17. 与"主营业务成本"账户借方有对应关系的账户是"库存商品"账户。
（   ）

18. 总分类账户期末余额应与所属明细分类账户期末余额合计数相等。
（   ）

19. 以当年实现的利润弥补以前年度的亏损时，不需要进行专门的账务处理。
（   ）

20. 企业用支票购买商品时，应通过"应付票据"账户进行核算。（   ）

21. 以长期借款购建的固定资产，借款利息应全部计入固定资产购建成本。
（   ）

22. 增值税是企业收入的一个抵减项目。（   ）

23. 存货的成本包括采购成本、加工成本和其他成本。（   ）

24. 企业在经营过程中发生的某项费用计入制造费用和计入管理费用，对企业的损益计算影响是一样的。（   ）

25. 企业的留存收益包括盈余公积和未分配利润。（   ）

26. 企业向银行或其他金融机构借入的各种款项所发生的利息支出，均应计入财务费用。（   ）

27. 车间所耗用的材料，在会计处理时应增加管理费用。（   ）

28. 盈余公积是按企业利润总额的一定比例提取的。（   ）

29. 职工出差前预借差旅费时应借记"管理费用"账户。（   ）

30. "短期借款"账户的余额在贷方，表示尚未归还的借款本息合计。
（   ）

（五）业务核算题

1. 【目的】练习资金筹集业务的核算。

【资料】华夏公司5月发生下列经济业务。

【要求】根据下列经济业务作出会计分录。

（1）收到投资者投入的专利权一项，双方确认的价值为 200 000 元。

（2）收到投资者投入的全新设备一套（不考虑增值税），投资双方确认的价值为 300 000 元，设备已经投入使用。

（3）计提本月的短期借款利息 2 000 元。

（4）从银行取得期限为 3 个月的借款 100 000 元，款项已存入银行。

（5）从银行借入期限为 2 年的借款 500 000 元，款项已存入银行。

（6）归还到期的短期借款本金 200 000 元。

2. 【目的】练习资金筹集业务的核算。

【资料】华西公司6月发生下列经济业务。

【要求】根据下列经济业务作出会计分录。

(1) 收到投资者投入的货币资金1 000 000元和一套生产线（生产线不考虑增值税），生产线双方确认的价值为300 000元，生产线不需要安装。根据双方的协商，计入实收资本的金额为800 000元。

(2) 从银行取得借款300 000元，期限6个月。借款已存入银行。

(3) 向银行借入3年期借款800 000元，年利率10%，到期一次还本付息。所得借款已存入银行。

(4) 用银行存款归还到期的短期借款本金200 000元。

(5) 用银行存款支付本季度的借款利息3 000元，其中，应计入本月财务费用的金额为1 000元，剩余的2 000元已于前期预提。

（6）经批准，将资本公积100 000元转增资本。

3.【目的】练习材料购进业务的核算。
【资料】华夏公司为增值税一般纳税人，本月发生下列经济业务。
【要求】根据下列经济业务作出会计分录。
（1）从海华公司购入甲材料1 000千克，每千克单价20元；乙材料2 000千克，每千克单价30元，增值税税率为13%，款项以银行存款支付。

（2）以银行支付上述两种材料的运费3 000元，支付运费增值税270元，运费按材料重量分配。

（3）上述材料运抵企业，并验收入库，按实际成本结转。

（4）从胜利工厂购入丙材料1 000千克，每千克单价50元，增值税税率为13%，胜利工厂代垫保险费2 000元，款未付。

（5）以银行存款偿还胜利工厂欠款。

（6）购买不需要安装设备一台，价款 400 000 元，增值税 52 000 元，以银行存款支付。设备投入使用。

（7）丙材料验收入库，按实际成本转账。

4. 【目的】练习采购业务的核算。
【资料】华夏公司为增值税一般纳税人，本月发生下列经济业务。
【要求】根据下列经济业务作出会计分录。
（1）购入甲材料 2 000 千克，价税合计 45 200 元，购入乙材料 4 000 千克，价税合计 226 000 元，增值税税率为 13%，款项以银行存款支付。

（2）以银行存款 3 220 元支付上述材料的运杂费，其中，包含 220 元的增值税进项税，运杂费按材料的买价进行分摊。

（3）甲、乙材料运抵，并验收入库，按实际成本转账。

（4）购入需要安装的设备一台，买价 500 000 元，增值税 65 000 元，包装费及保险费 10 000 元。以上款项均以银行存款支付。

（5）上述设备投入安装，在安装过程中耗用材料 10 000 元，应付本企业安装工人工资 20 000 元。

（6）设备安装完毕交付使用。

（7）按合同规定以银行存款 50 000 元预付给新华工厂订购丙材料款。

（8）收到新华工厂发出的丙材料，发票注明丙材料买价 100 000 元，增值税 13 000 元，预付款不足部分当即以银行存款支付。材料已验收入库。

5. 【目的】练习材料发出的核算。
【资料】五山公司 5 月 1 日甲材料库存 700 件，单位成本为 200 元/件。5 月甲材料的收发情况如下：
（1）3 日，领用甲材料 400 件；
（2）10 日，入库甲材料 500 件，单位成本为 210 元/件；
（3）18 日，领用甲材料 600 件；
（4）20 日，入库甲材料 800 件，单位成本为 205 元/件；
（5）25 日，领用甲材料 300 件。
【要求】分别按先进先出法和一次加权平均法计算月末结存甲材料的成本和本期发出的甲材料成本。

6.【目的】练习固定资产业务的核算。

【资料】三江公司为增值税一般纳税人，增值税税率为13%。2021年5月15日，公司购入生产车间使用的一台需要安装的设备，取得的增值税专用发票上注明的设备价款为500 000元，增值税进项税额为65 000元，另支付保险费8 000元（不考虑增值税），款项均以银行存款支付。设备当即投入安装。安装过程中领用了材料5 000元，以银行存款支付安装费27 000元。该设备于6月25日安装完毕，达到预定可使用状态，并投入使用。预计该设备使用寿命为10年，预计净残值为0，采用年限平均法计提折旧。

【要求】（1）编制设备从购入到安装完成的会计分录；

（2）计算在2021年该设备计提的折旧额。

7.【目的】练习生产过程业务的核算。

【资料】宏盛工厂3月发生下列经济业务。

【要求】根据下列经济业务作出会计分录。

（1）本月领用材料，用途汇总如下表所示。

单位：元

项目	A 材料	B 材料	合计
生产产品耗用	160 000	130 000	290 000
其中：甲产品	90 000	70 000	160 000
乙产品	70 000	60 000	130 000
车间一般耗用	3 000	—	3 000
行政管理部门耗用	2 000	1 000	3 000
合计	165 000	131 000	296 000

（2）开出支票 500 000 元，发放工资。

（3）本月水电费共 30 000 元，其中车间应负担的水电费为 22 000 元，行政管理部门应负担的水电费 8 000 元，用银行存款支付（不考虑水电费的增值税）。

（4）车间技术人员报销差旅费 3 000 元，以现金付讫。

（5）用银行存款支付本月车间用房租金 4 000 元。

(6) 开出转账支票支付本月车间办公费 1 000 元。

(7) 月末分配工资费用,其中,生产甲产品工人工资 200 000 元,生产乙产品工人工资 150 000 元,车间管理人员工资 70 000 元,行政管理部门人员工资 80 000 元。

(8) 计提本月固定资产折旧,其中,车间用固定资产折旧 30 000 元,行政管理部门用固定资产折旧 15 000 元。

(9) 按照生产工人工资比例分配本月制造费用。

(10) 本月投产的甲产品全部完工,结转完工产品成本,设期初没有在产品。

8. 【目的】练习生产过程业务的核算。
【资料】长盛工厂3月发生下列经济业务。
【要求】根据下列经济业务作出会计分录。
（1）本月发出材料用途如下：生产A产品领用甲材料38千克、乙材料25千克，生产B产品领用甲材料22千克、乙材料21千克，车间一般耗用乙材料3千克，厂部行政管理部门领用乙材料1千克。甲材料390元/千克，乙材料220元/千克。

（2）车间工作人员王先出差，预借差旅费2 000元，以现金付讫。

（3）用银行存款支付厂部管理部门办公费用3 000元。

（4）车间工作人员报销办公费及其他零星开支计340元，以现金支付。

（5）王先出差归来，报销差旅费1 500元，余款退回现金。

(6) 本月水电费共 8 000 元，其中，车间应承担 6 000 元，行政管理部门承担 2 000 元。用银行存款付讫（不考虑水电费的增值税）。

(7) 开出转账支票支付车间用房租金 4 000 元。

(8) 计提本月固定资产折旧，其中，车间用固定资产折旧 10 000 元，行政管理部门用固定资产折旧 8 000 元。

(9) 分配本月工资费用，生产 A 产品工人工资为 60 000 元，生产 B 产品工人工资为 50 000 元，车间管理人员工资为 20 000 元，行政管理部门人员工资为 30 000 元。

(10) 按生产工时比例分配本月制造费用。其中，生产 A 产品工时 200 个，B 产品生产工时 140 个。

（11）A产品本期全部完工，没有期初在产品；B产品期初在产品金额为50 000元，B产品期末在产品金额为32 000元，结转完工产品成本。

9.【目的】练习销售过程业务的核算。
【资料】华夏公司为增值税一般纳税人，本月发生以下经济业务。
【要求】根据下列经济业务作出会计分录。
（1）销售A产品给东方工厂，共500件，单价为300元/件，增值税税率为13%，价款及税款均已经收存银行。

（2）销售给新华公司一批B产品，计800件，价款为160 000元，增值税为20 800元，收到对方开出为期3个月的商业汇票。

（3）销售材料取得价款10 000元，增值税1 300元，款已收存银行。出售的材料成本为7 000元。

（4）向福瑞公司出售A产品1 000件，增值税发票注明的价款为300 000元，增值税为39 000元，另外，用银行存款替对方代垫运杂费2 000元。对方尚未付款。

（5）收到福瑞公司汇来的货款及代垫运费。

（6）用银行存款支付本月的广告费3 000元。

（7）收回长星公司所欠货款30 000元存入银行。

（8）结转本月的销售成本，其中，A产品单位成本为200元/件，B产品的单位成本为120元/件。

（9）本月应交城市维护建设税为1 400元，应交的教育费附加为600元。

10.【目的】练习销售过程业务的核算。
【资料】华夏公司为增值税一般纳税人，本月发生以下经济业务。
【要求】根据下列经济业务作出会计分录。
（1）销售A产品2 000件给容新公司，价税合计为226 000元，增值税税率为13%，款已收存银行。

(2) 出售材料一批，价款 5 000 元，增值税 650 元，款未收。

(3) 结转上述材料成本 3 000 元。

(4) 销售 B 产品 3 000 件给华西公司，双方商定的不含税单价为 200 元/件，增值税税率为 13%，款未收。

(5) 用银行存款支付上述 B 产品装卸费 3 000 元。

(6) 本月应交城市维护建设税 4 900 元，教育费附加 2 100 元。

(7) 结转本月销售成本，其中，A 产品单位成本为 80 元/件，B 产品单位成本为 120/件。

11. 【目的】练习财务成果分配业务的核算。

【资料】某企业 2021 年 12 月各损益类账户发生额如下（单位：元）。

主营业务收入：400 000

主营业务成本：220 000

销售费用：50 000

管理费用：70 000

财务费用：10 000

税金及附加：25 000

其他业务收入：40 000

其他业务成本：25 000

营业外收入：30 000

营业外支出：20 000

投资收益：20 000

【要求】

（1）结转本期损益。

（2）设所得税税率为 25%，没有纳税调整事项，计算并结转本月所得税费用。

（3）设 12 月初"本年利润"账户贷方余额 800 000 元，结转本年利润账户。

（4）按税后利润的 10% 提取法定盈余公积。编制会计分录。

（5）向投资者分配利润 200 000 元。编制会计分录。

（6）结转"利润分配"账户。

12. 【目的】练习综合业务的核算。
【资料】永利公司是增值税一般纳税人,2021年10月发生经济业务如下。
【要求】根据下列经济业务作出会计分录。

(1) 从银行取得临时借款500 000元,存入银行。

(2) 接受投资者投入的设备一台,原价100 000元,评估作价80 000元,已投入使用。

(3) 用银行存款6 500元上交上个月税费。

(4) 收回立友公司所欠本企业货款8 000元,存入银行。

(5) 企业销售A产品总价款为282 500元(含税),增值税税率为13%,款已收存银行。

(6) 供应单位发来甲材料38 000元,进项税税额为4 940元,款已预付。材料验收入库。

(7) 生产A产品领用甲材料3 600元,乙材料2 400元。

(8) 车间一般性消耗材料 1 200 元。

(9) 车间办公费 800 元,用现金支付。

(10) 用银行存款 150 000 元发放工资。

(11) 车间领用甲材料 5 000 元用于 B 产品的生产。

(12) 用银行存款 1 000 元支付广告费。

(13) 销售 B 产品给光华公司,货款为 50 000 元,增值税税额为 6 500 元,款项尚未收到。

（14）企业购买一台车床，买价为240 000元，增值税为31 200元，保险费为1 000元，款项尚未支付，设备已交付使用。

（15）开出转账支票金额为780元，购买车间办公用品。

（16）计提本月固定资产折旧，其中，车间18 220元，厂部8 200元。

（17）计提应由本月负担的银行短期借款利息980元。

（18）用银行存款30 000元支付上年已宣告的分配给投资者的利润。

（19）分配工资费用，其中，生产A产品工人工资62 000元，生产B产品工人工资50 000元，车间管理人员工资20 000元，厂部管理人员工资15 000元。

（20）经批准将资本公积金 60 000 元转增资本。

（21）本月所发生的制造费用按生产工时分配分别计入 A、B 产品成本，A 产品生产工时 600 个，B 产品生产工时 400 个。

（22）本月生产的 A 产品全部完工，验收入库，结转成本（设没有期初在产品）。

（23）用银行存款 5 400 元支付罚款。

（24）结转 A 产品销售成本 138 000 元，B 产品销售成本 32 000 元。

（25）本月应交城市维护建设税 9 100 元，教育费附加 3 900 元。

（26）结转损益类账户。

（27）按本月实现利润总额的25%计算所得税并予以结转。

（六）案例分析题

1.【资料】李浩本科专业学的是会计，毕业后去了一家民营企业工作。这家民营企业的主要业务是生产玩具，规模并不大，财务部门人员也不多。实习期结束后，原来负责存货核算的会计离职，李浩就承接了这个岗位。工作了一段时间后，李浩感觉工作中的某些事情比较奇怪。最让他感到不安的是，存货账上的金额和库存的实有数对不上，差的金额并不是合理的误差，而是金额巨大的差异。他把自己的想法和自己的领导进行了反映，但始终没有得到回复。有一天，他接到了主管税务机关的电话，说第二天要来企业实地看看，主要就是看仓库。他把这件事情向主管进行了汇报。这个时候，他发现主管有些慌乱，听完消息后就去了总经理办公室。

【要求】请你帮李浩分析一下，这家民营企业可能存在什么问题？

2.【资料】2021年发生的"滴滴事件"大家可能都有所了解。2021年6月10日（美国时间），滴滴正式向美国证券委员会（SEC）递交招股书，计划以DIDI为股票代码，申请纳斯达克或纽约证券交易所上市。美国东部时间6月29日，滴滴在纽交所进行了首次公开发行，筹资40亿美元。但在2021年7月2日，国家网信办依据《中华人民共和国国家安全法》《中华人民共和国网络安全法》对"滴滴出行"实施网络安全审查。国家网信办的公告称，为配合网络安全审查，防范风险扩大，审查期间停止滴滴出行的新用户注册功能。2021年7月16日，国家网信办会同公安部、国家安全部、自然资源部、交通运输部、税务总局、市场监管总局等部门联合进驻滴滴出行科技有限公司，开展网络安全审查。滴滴因为拥有大量的用户终端数据，关系着成千上万的个体利益，从而使整个事件更加引人注目。

拥有海量数据是互联网企业的特点。大数据是以容量大、类型多、存取速度快、应用价值高为主要特征的数据集合。企业从对大数据的分析中可以发现新价值，提升创新能力。我国在大数据发展和应用方面已经具备一定基础，拥有市场优势和发展潜力，但也有诸多不足亟待解决。在2015年我国就印发了《促进大数据发展行动纲要》，目的就是全面推进我国大数据发展和应用，加快建设数据强国。

2021年6月10日，我国第一部关于数据安全的法律——《中华人民共和国数据安全法》公布，并于2021年9月1日正式实施。

【要求】到目前为止，会计准则没有对于数据的具体会计处理的规定。企业购买的数据以及自己积累起来的数据资源是否应该确认为企业的资产？应该如何进行会计处理？感兴趣的同学请查阅相关资料，思考一下数据是否应确认为企业的资产。

四、综合练习题参考答案

（一）名词解释

1. 实收资本是指企业的投资者按照企业章程或合同、协议的约定，实际投入企业的资本金以及按照有关规定由资本公积、盈余公积等转为资本的资金。

2. 加权平均法也称全月一次加权平均法，是指以本月全部收货数量加月初存货数量作为权数，去除本月全部收货成本加上月初存货成本，计算出存货的加权平均单位成本，从而确定存货的发出成本和期末存货成本的一种方法。

3. 短期借款是指企业向银行或其他金融机构等借入的期限在一年以内（含一年）的各种借款。

4. 固定资产是指同时具有以下特征的有形资产：（1）为生产商品、提供劳务、出租或经营管理而持有的；（2）使用寿命超过一个会计年度。

5. 存货是指企业在日常活动中持有以备出售的产成品或商品、处于生产过程中的在产品、在生产过程或提供劳务过程中耗用的材料和物料等，包括原材料、在产品、产成品以及商品、周转材料等。

6. 原材料是指在生产过程中经过加工改变其形态或性质并构成产品主要实体的各种原料及主要材料、辅助材料、外购半成品（外购件）、修理用备件、包装材料、燃料等。

7. 长期借款是指企业向银行或其他金融机构等借入的期限在一年以上的各种借款，一般用于固定资产的购建、改扩建工程、大修工程、对外投资以及为了保持长期经营能力等方面。

8. 间接费用又称为制造费用，是指企业生产部门为生产多种产品或提供多项劳务而发生的共同性费用。

9. 职工薪酬是指企业为获得职工提供的服务或解除劳动关系而给予的各种形式的报酬或补偿。

10. 直接费用是指企业为生产某一种产品或提供某一项劳务而发生的费用，一般包括直接材料、直接人工、其他直接支出等。

11. 营业外支出是指企业发生的与企业日常活动没有直接关系的各项损失，主要包括罚款支出、公益性捐赠支出、盘亏损失、非常损失、债务重组损失等。

12. 净利润是指利润总额扣除企业的所得税费用后的余额。

13. 销售费用是指企业销售商品和材料、提供劳务过程中所发生的各种费用，包括运输费、包装费、装卸费、保险费、展览费、广告费、商品维修费、预计产品质量保证损失、为销售本企业产品而专设销售机构（含销售网点、售后服务网点等）的经费。

14. 账结法下，每月月末均需编制转账凭证，将在账上结计出的各损益类科目的余额结转入"本年利润"科目。结转后"本年利润"科目的月末余额反映从年初到本月月末累计实现的利润或发生的亏损。

15. 固定资产折旧是指固定资产由于损耗而减少的价值。

16. 营业外收入是指企业发生的与企业日常活动没有直接关系的各项利得。

17. 资本公积,是投资者或他人投入到企业的资本中超过其在注册资本或股本中所占份额的部分(资本溢价或股本溢价)。

18. 财务费用,是指企业为筹集生产经营所需资金等而发生的筹资费用,包括利息支出(减利息收入)、汇兑损益以及相关的手续费、企业发生或收到的现金折扣等。

19. 完工产品是指已完成全部生产过程并验收入库的、符合标准规格和技术条件、可以对外销售的产品。

20. 无形资产是指企业拥有或控制的没有实物形态的可辨认非货币性资产。无形资产主要包括专利权、商标权、非专利技术、著作权、土地使用权、特许权等。

(二)单项选择题

1. C   2. C   3. D   4. D   5. A   6. C   7. C   8. B   9. C
10. D   11. A   12. C   13. D   14. D   15. D   16. B   17. A   18. B
19. A   20. C   21. A   22. A   23. A   24. A   25. A   26. D   27. A
28. A   29. C   30. B   31. B   32. C   33. A   34. C   35. B   36. B
37. D   38. B   39. B   40. B   41. B   42. B   43. B   44. D   45. A
46. D   47. C   48. D   49. D   50. A

(三)多项选择题

1. AB   2. BCD   3. AD   4. AD   5. ACD
6. ABD   7. AD   8. ACD   9. ACD   10. AD
11. BCD   12. ABD   13. BC   14. ABCD   15. AD
16. ABCD   17. ABC   18. ACD   19. AC   20. AC
21. ACD   22. BD   23. AB   24. AC   25. ABCD
26. ABCD   27. ABC   28. ABC   29. ABD   30. ABC
31. ABCD   32. BCD   33. ACD   34. BC   35. ABCD
36. ABCD   37. ACD   38. ABCD   39. ACD   40. ABCD

(四)判断题

1. ×   2. ×   3. ×   4. ×   5. ×   6. √   7. ×   8. ×
9. ×   10. √ 11. √ 12. ×   13. ×   14. ×   15. ×   16. ×

17. √ 18. √ 19. √ 20. × 21. × 22. × 23. √ 24. ×
25. √ 26. × 27. × 28. × 29. × 30. ×

（五）业务核算题

1.
(1) 借：无形资产——专利权　　　　　　　　　　200 000
　　　贷：实收资本　　　　　　　　　　　　　　　　200 000
(2) 借：固定资产　　　　　　　　　　　　　　　300 000
　　　贷：实收资本　　　　　　　　　　　　　　　　300 000
(3) 借：财务费用　　　　　　　　　　　　　　　　2 000
　　　贷：应付利息　　　　　　　　　　　　　　　　　2 000
(4) 借：银行存款　　　　　　　　　　　　　　　100 000
　　　贷：短期借款　　　　　　　　　　　　　　　　100 000
(5) 借：银行存款　　　　　　　　　　　　　　　500 000
　　　贷：长期借款　　　　　　　　　　　　　　　　500 000
(6) 借：短期借款　　　　　　　　　　　　　　　200 000
　　　贷：银行存款　　　　　　　　　　　　　　　　200 000

2.
(1) 借：银行存款　　　　　　　　　　　　　　1 000 000
　　　　固定资产　　　　　　　　　　　　　　　300 000
　　　贷：实收资本　　　　　　　　　　　　　　　　800 000
　　　　　资本公积——资本溢价　　　　　　　　　　500 000
(2) 借：银行存款　　　　　　　　　　　　　　　300 000
　　　贷：短期借款　　　　　　　　　　　　　　　　300 000
(3) 借：银行存款　　　　　　　　　　　　　　　800 000
　　　贷：长期借款　　　　　　　　　　　　　　　　800 000
(4) 借：短期借款　　　　　　　　　　　　　　　200 000
　　　贷：银行存款　　　　　　　　　　　　　　　　200 000
(5) 借：财务费用　　　　　　　　　　　　　　　　1 000
　　　　应付利息　　　　　　　　　　　　　　　　2 000
　　　贷：银行存款　　　　　　　　　　　　　　　　　3 000
(6) 借：资本公积　　　　　　　　　　　　　　　100 000
　　　贷：实收资本　　　　　　　　　　　　　　　　100 000

3.
(1) 借：在途物资——甲材料　　　　　　　　　　20 000
　　　　　　　　——乙材料　　　　　　　　　　60 000
　　　　应交税费——应交增值税（进项税额）　　10 400

	贷：银行存款	90 400
（2）借：在途物资——甲材料		1 000
	——乙材料	2 000
	应交税费——应交增值税（进项税额）	270
	贷：银行存款	3 270
（3）借：原材料——甲材料		21 000
	——乙材料	62 000
	贷：在途物资——甲材料	21 000
	——乙材料	62 000
（4）借：在途物资——丙材料		52 000
	应交税费——应交增值税（进项税额）	6 500
	贷：应付账款——胜利工厂	58 500
（5）借：应付账款——胜利工厂		58 500
	贷：银行存款	58 500
（6）借：固定资产		400 000
	应交税费——应交增值税（进项税额）	52 000
	贷：银行存款	452 000
（7）借：原材料——丙材料		52 000
	贷：在途物资——丙材料	52 000

4.

（1）借：在途物资——甲材料		40 000
	——乙材料	200 000
	应交税费——应交增值税（进项税额）	31 200
	贷：银行存款	271 200
（2）借：在途物资——甲材料		500
	——乙材料	2 500
	应交税费——应交增值税（进项税额）	220
	贷：银行存款	3 220
（3）借：原材料——甲材料		40 500
	——乙材料	202 500
	贷：在途物资——甲材料	40 500
	——乙材料	202 500
（4）借：在建工程		510 000
	应交税费——应交增值税（进项税额）	65 000
	贷：银行存款	575 000
（5）借：在建工程		30 000
	贷：应付职工薪酬——工资	20 000
	原材料	10 000

(6) 借：固定资产　　　　　　　　　　　　　　　540 000
　　　贷：在建工程　　　　　　　　　　　　　　　　540 000
(7) 借：预付账款——新华工厂　　　　　　　　　50 000
　　　贷：银行存款　　　　　　　　　　　　　　　　50 000
(8) 借：在途物资——丙材料　　　　　　　　　　100 000
　　　应交税费——应交增值税（进项税额）　　　 13 000
　　　贷：预付账款——新华二厂　　　　　　　　　　50 000
　　　　　银行存款　　　　　　　　　　　　　　　　63 000
借：原材料——丙材料　　　　　　　　　　　　100 000
　　贷：在途物资——丙材料　　　　　　　　　　　100 000
或者：
借：原材料——丙材料　　　　　　　　　　　　100 000
　　应交税费——应交增值税（进项税额）　　　　13 000
　　贷：预付账款——新华工厂　　　　　　　　　　50 000
　　　　银行存款　　　　　　　　　　　　　　　　63 000

5. 先进先出法：

本期发出甲材料成本：$700 \times 200 - 500 \times 210 + 100 \times 205 = 265\ 500$（元）

期末结存甲材料成本：$700 \times 200 + 500 \times 210 + 800 \times 205 - 265\ 500 = 143\ 500$（元）或 $700 \times 205 = 143\ 500$（元）

一次加权平均法：

甲材料的单位成本：$(700 \times 200 + 500 \times 210 + 800 \times 205) \div (700 + 500 + 800) = 204.50$（元）

本期发出甲材料成本：$(400 + 600 + 300) \times 204.50 = 265\ 850$（元）

本期结存甲材料成本：$(2\ 000 - 1\ 300) \times 204.50 = 143\ 150$（元）

6. (1) 购入：

借：在建工程　　　　　　　　　　　　　　　　508 000
　　应交税费——应交增值税（进项税额）　　　 65 000
　　贷：银行存款　　　　　　　　　　　　　　　　573 000

安装：

借：在建工程　　　　　　　　　　　　　　　　 32 000
　　贷：原材料　　　　　　　　　　　　　　　　　 5 000
　　　　银行存款　　　　　　　　　　　　　　　　27 000

安装完毕，交付使用：

借：固定资产　　　　　　　　　　　　　　　　540 000
　　贷：在建工程　　　　　　　　　　　　　　　　540 000

(2) 6月25日安装完毕，投入使用，从7月开始计提折旧。2021年共提了6个月的折旧。

月折旧额：$540\ 000 \div (10 \times 12) = 4\ 500$（元/月）

2021年计提折旧总额：4 500×6=27 000（元）

7.

(1) 借：生产成本——甲产品　　　　　　　　　　　　　　160 000
　　　　　　　　——乙产品　　　　　　　　　　　　　　130 000
　　　　　制造费用　　　　　　　　　　　　　　　　　　　3 000
　　　　　管理费用　　　　　　　　　　　　　　　　　　　3 000
　　　贷：原材料——A 材料　　　　　　　　　　　　　　　165 000
　　　　　　　　——B 材料　　　　　　　　　　　　　　　131 000

(2) 借：应付职工薪酬——工资　　　　　　　　　　　　　500 000
　　　贷：银行存款　　　　　　　　　　　　　　　　　　500 000

(3) 借：制造费用　　　　　　　　　　　　　　　　　　　22 000
　　　　　管理费用　　　　　　　　　　　　　　　　　　　8 000
　　　贷：银行存款　　　　　　　　　　　　　　　　　　30 000

(4) 借：制造费用　　　　　　　　　　　　　　　　　　　3 000
　　　贷：库存现金　　　　　　　　　　　　　　　　　　3 000

(5) 借：制造费用　　　　　　　　　　　　　　　　　　　4 000
　　　贷：银行存款　　　　　　　　　　　　　　　　　　4 000

(6) 借：制造费用　　　　　　　　　　　　　　　　　　　1 000
　　　贷：银行存款　　　　　　　　　　　　　　　　　　1 000

(7) 借：生产成本——甲产品　　　　　　　　　　　　　　200 000
　　　　　　　　——乙产品　　　　　　　　　　　　　　150 000
　　　　　制造费用　　　　　　　　　　　　　　　　　　70 000
　　　　　管理费用　　　　　　　　　　　　　　　　　　80 000
　　　贷：应付职工薪酬——工资　　　　　　　　　　　　500 000

(8) 借：制造费用　　　　　　　　　　　　　　　　　　　30 000
　　　　　管理费用　　　　　　　　　　　　　　　　　　15 000
　　　贷：累计折旧　　　　　　　　　　　　　　　　　　45 000

(9) 制造费用合计：3 000+22 000+3 000+4 000+1 000+70 000+30 000=133 000（元）

甲产品应分摊的制造费用：76 000 元；乙产品应分摊的制造费用：57 000 元。

借：生产成本——甲产品　　　　　　　　　　　　　　　　76 000
　　　　　　——乙产品　　　　　　　　　　　　　　　　57 000
　　贷：制造费用　　　　　　　　　　　　　　　　　　　133 000

(10) 完工产品成本：160 000+200 000+76 000=436 000（元）

借：库存商品——甲产品　　　　　　　　　　　　　　　　436 000
　　贷：生产成本——甲产品　　　　　　　　　　　　　　436 000

8.

(1) 借：生产成本——A 产品　　　　　　　　　　　　　　20 320

——B产品	13 200
制造费用	660
管理费用	220
贷：原材料——甲材料	23 400
——乙材料	11 000

(2) 借：其他应收款——王先　　　　　　　　　2 000
　　　贷：库存现金　　　　　　　　　　　　　　　　2 000
(3) 借：管理费用　　　　　　　　　　　　　　3 000
　　　贷：银行存款　　　　　　　　　　　　　　　　3 000
(4) 借：制造费用　　　　　　　　　　　　　　340
　　　贷：库存现金　　　　　　　　　　　　　　　　340
(5) 借：制造费用　　　　　　　　　　　　　　1 500
　　　库存现金　　　　　　　　　　　　　　　500
　　　贷：其他应收款——王先　　　　　　　　　　　2 000
(6) 借：制造费用　　　　　　　　　　　　　　6 000
　　　管理费用　　　　　　　　　　　　　　2 000
　　　贷：银行存款　　　　　　　　　　　　　　　　8 000
(7) 借：制造费用　　　　　　　　　　　　　　4 000
　　　贷：银行存款　　　　　　　　　　　　　　　　4 000
(8) 借：制造费用　　　　　　　　　　　　　　10 000
　　　管理费用　　　　　　　　　　　　　　8 000
　　　贷：累计折旧　　　　　　　　　　　　　　　　18 000
(9) 借：生产成本——A产品　　　　　　　　　60 000
　　　　　　　——B产品　　　　　　　　　50 000
　　　制造费用　　　　　　　　　　　　　　20 000
　　　管理费用　　　　　　　　　　　　　　30 000
　　　贷：应付职工薪酬——工资　　　　　　　　　160 000

(10) 制造费用合计：660＋340＋1 500＋6 000＋4 000＋10 000＋20 000＝42 500（元）

A产品分摊的制造费用：25 000元；B产品应分摊的制造费用：17 500元。
　　借：生产成本——A产品　　　　　　　　　　25 000
　　　　　　　——B产品　　　　　　　　　　17 500
　　　贷：制造费用　　　　　　　　　　　　　　　　42 500

(11) 完工A产品的成本：20 320＋60 000＋25 000＝105 320（元）
完工B产品的成本：13 200＋50 000＋17 500＋50 000－32 000＝98 700（元）
　　借：库存商品——A产品　　　　　　　　　　105 320
　　　　　　　——B产品　　　　　　　　　　98 700
　　　贷：生产成本——A产品　　　　　　　　　　105 320

——B 产品	98 700

9.
(1) 借：银行存款　　　　　　　　　　　　　　　　　　169 500
　　　贷：主营业务收入　　　　　　　　　　　　　　　150 000
　　　　　应交税费——应交增值税（销项税额）　　　 19 500
(2) 借：应收票据　　　　　　　　　　　　　　　　　　180 800
　　　贷：主营业务收入　　　　　　　　　　　　　　　160 000
　　　　　应交税费——应交增值税（销项税额）　　　 20 800
(3) 借：银行存款　　　　　　　　　　　　　　　　　　 11 300
　　　贷：其他业务收入　　　　　　　　　　　　　　　 10 000
　　　　　应交税费——应交增值税（销项税额）　　　　1 300
　　借：其他业务成本　　　　　　　　　　　　　　　　　7 000
　　　贷：原材料　　　　　　　　　　　　　　　　　　　7 000
(4) 借：应收账款——福瑞公司　　　　　　　　　　　　341 000
　　　贷：主营业务收入　　　　　　　　　　　　　　　300 000
　　　　　应交税费——应交增值税（销项税额）　　　 39 000
　　　　　银行存款　　　　　　　　　　　　　　　　　　2 000
(5) 借：银行存款　　　　　　　　　　　　　　　　　　341 000
　　　贷：应收账款——福瑞公司　　　　　　　　　　　341 000
(6) 借：销售费用　　　　　　　　　　　　　　　　　　　3 000
　　　贷：银行存款　　　　　　　　　　　　　　　　　　3 000
(7) 借：银行存款　　　　　　　　　　　　　　　　　　 30 000
　　　贷：应收账款——长星公司　　　　　　　　　　　 30 000
(8) A 产品一共 1 500 件，B 产品一共 800 件，A 产品的成本：$1\,500 \times 200 = 300\,000$（元）；B 产品的成本：$800 \times 120 = 96\,000$（元）。
　　借：主营业务成本　　　　　　　　　　　　　　　　396 000
　　　贷：库存商品——A 产品　　　　　　　　　　　　 300 000
　　　　　　　　——B 产品　　　　　　　　　　　　　　96 000
(9) 借：税金及附加　　　　　　　　　　　　　　　　　　2 000
　　　贷：应交税费——应交城市维护建设税　　　　　　 1 400
　　　　　　　　——应交教育费附加　　　　　　　　　　 600

10.
(1) 借：银行存款　　　　　　　　　　　　　　　　　　226 000
　　　贷：主营业务收入　　　　　　　　　　　　　　　200 000
　　　　　应交税费——应交增值税（销项税额）　　　 26 000
(2) 借：应收账款　　　　　　　　　　　　　　　　　　　5 650
　　　贷：其他业务收入　　　　　　　　　　　　　　　　5 000
　　　　　应交税费——应交增值税（销项税额）　　　　　650

（3）借：其他业务成本 3 000
　　　　贷：原材料 3 000
（4）借：应收账款——华西公司 678 000
　　　　贷：主营业务收入 600 000
　　　　　　应交税费——应交增值税（销项税额） 78 000
（5）借：销售费用 3 000
　　　　贷：银行存款 3 000
（6）借：税金及附加 7 000
　　　　贷：应交税费——应交城市维护建设税 4 900
　　　　　　　　　　——应交教育费附加 2 100
（7）A产品一共2 000件，B产品一共3 000件；A产品成本：2 000×80＝160 000（元）；B产品成本：3 000×120＝360 000（元）。
　　借：主营业务成本 520 000
　　　　贷：库存商品——A产品 160 000
　　　　　　　　　　——B产品 360 000

11.
（1）借：主营业务收入 400 000
　　　　其他业务收入 40 000
　　　　投资收益 20 000
　　　　营业外收入 30 000
　　　　贷：本年利润 490 000
　　借：本年利润 420 000
　　　　贷：主营业务成本 220 000
　　　　　　其他业务成本 25 000
　　　　　　税金及附加 25 000
　　　　　　管理费用 70 000
　　　　　　销售费用 50 000
　　　　　　财务费用 10 000
　　　　　　营业外支出 20 000
（2）490 000－420 000＝70 000（元）
　　70 000×25％＝17 500（元）
　　借：所得税费用 17 500
　　　　贷：应交税费——应交所得税 17 500
　　借：本年利润 17 500
　　　　贷：所得税费用 17 500
（3）"本年利润"账户的余额：800 000＋70 000－17 500＝852 500（元）
　　借：本年利润 852 500
　　　　贷：利润分配——未分配利润 852 500

(4) 借：利润分配——提取法定盈余公积　　　　　　　85 250
　　　贷：盈余公积——法定盈余公积　　　　　　　　　　85 250
(5) 借：利润分配——应付现金股利　　　　　　　　200 000
　　　贷：应付股利　　　　　　　　　　　　　　　　　　200 000
(6) 借：利润分配——未分配利润　　　　　　　　　285 250
　　　贷：利润分配——应付现金股利　　　　　　　　　　200 000
　　　　　　　　——提取法定盈余公积　　　　　　　　　85 250

12.
(1) 借：银行存款　　　　　　　　　　　　　　　　500 000
　　　贷：短期借款　　　　　　　　　　　　　　　　　　500 000
(2) 借：固定资产　　　　　　　　　　　　　　　　 80 000
　　　贷：实收资本　　　　　　　　　　　　　　　　　　 80 000
(3) 借：应交税费　　　　　　　　　　　　　　　　　6 500
　　　贷：银行存款　　　　　　　　　　　　　　　　　　　6 500
(4) 借：银行存款　　　　　　　　　　　　　　　　　8 000
　　　贷：应收账款——立友公司　　　　　　　　　　　　　8 000
(5) 借：银行存款　　　　　　　　　　　　　　　　282 500
　　　贷：主营业务收入　　　　　　　　　　　　　　　　250 000
　　　　　应交税费——应交增值税（销项税额）　　　　　 32 500
(6) 借：原材料——甲材料　　　　　　　　　　　　 38 000
　　　应交税费——应交增值税（进项税额）　　　　　4 940
　　　贷：预付账款　　　　　　　　　　　　　　　　　　 42 940
(7) 借：生产成本——A 产品　　　　　　　　　　　　6 000
　　　贷：原材料——甲材料　　　　　　　　　　　　　　　3 600
　　　　　　　　——乙材料　　　　　　　　　　　　　　　2 400
(8) 借：制造费用　　　　　　　　　　　　　　　　　1 200
　　　贷：原材料　　　　　　　　　　　　　　　　　　　　1 200
(9) 借：制造费用　　　　　　　　　　　　　　　　　　800
　　　贷：库存现金　　　　　　　　　　　　　　　　　　　 800
(10) 借：应付职工薪酬　　　　　　　　　　　　　 150 000
　　　贷：银行存款　　　　　　　　　　　　　　　　　　150 000
(11) 借：生产成本——B 产品　　　　　　　　　　　 5 000
　　　贷：原材料——甲材料　　　　　　　　　　　　　　　5 000
(12) 借：销售费用　　　　　　　　　　　　　　　　 1 000
　　　贷：银行存款　　　　　　　　　　　　　　　　　　　1 000
(13) 借：应收账款——光华公司　　　　　　　　　　56 500
　　　贷：主营业务收入　　　　　　　　　　　　　　　　 50 000
　　　　　应交税费——应交增值税（销项税额）　　　　　　6 500

（14）借：固定资产 241 000
　　　　应交税费——应交增值税（进项税额） 31 200
　　　　　贷：应付账款 272 200
（15）借：制造费用 780
　　　　　贷：银行存款 780
（16）借：制造费用 18 220
　　　　管理费用 8 200
　　　　　贷：累计折旧 26 420
（17）借：财务费用 980
　　　　　贷：应付利息 980
（18）借：应付股利 30 000
　　　　　贷：银行存款 30 000
（19）借：生产成本——A产品 62 000
　　　　　　　　——B产品 50 000
　　　　制造费用 20 000
　　　　管理费用 15 000
　　　　　贷：应付职工薪酬——工资 147 000
（20）借：资本公积——资本溢价 60 000
　　　　　贷：实收资本 60 000
（21）本月制造费用合计：1 200 + 800 + 780 + 18 220 + 20 000 = 41 000（元）
　　借：生产成本——A产品 24 600
　　　　　　　——B产品 16 400
　　　　贷：制造费用 41 000
（22）A产品的成本：6 000 + 62 000 + 24 600 = 92 600（元）
　　借：库存商品——A产品 92 600
　　　　贷：生产成本——A产品 92 600
（23）借：营业外支出 5 400
　　　　　贷：银行存款 5 400
（24）借：主营业务成本 170 000
　　　　　贷：库存商品——A产品 138 000
　　　　　　　　　　——B产品 32 000
（25）借：税金及附加 13 000
　　　　　贷：应交税费——应交城市维护建设税 9 100
　　　　　　　　　　——应交教育费附加 3 900
（26）主营业务收入：250 000 + 50 000 = 300 000（元）
销售费用：1 000元
管理费用：8 200 + 15 000 = 23 200（元）
财务费用：980元

营业外支出：5 400 元

主营业务成本：170 000 元

税金及附加：13 000 元

结转收入：

借：主营业务收入 300 000
  贷：本年利润 300 000

结转费用：

借：本年利润 213 580
  贷：销售费用 1 000
    管理费用 23 200
    财务费用 980
    营业外支出 5 400
    主营业务成本 170 000
    税金及附加 13 000

（27）300 000 − 213 580 = 86 420（元）

86 420 × 25% = 21 605（元）

借：所得税费用 21 605
  贷：应交税费——应交所得税 21 605

借：本年利润 21 605
  贷：所得税费用 21 605

（六）案例分析题

1. 案例提示：这家民营企业可能在偷漏税。之所以存货账上的金额大，但库存却没有，是因为这家企业没有确认收入，不确认收入就不用缴纳增值税和附加税。因为不确认收入，所以也不能结转成本，但其实货物已经出售了，这就导致账上的存货金额非常大，但其实仓库里没有货。

2. 案例提示：（略）

第五章　会计凭证和会计账簿

一、学习目的与要求

会计凭证和会计账簿是对经济信息进行加工整理的专门方法，是会计核算工作的重要环节。通过本章的学习，应当掌握会计凭证和会计账簿的概念；了解会计凭证和会计账簿的分类及格式；掌握会计凭证的内容和填制方法；掌握会计账簿的设置和登记方法；掌握错账的更正方法；掌握期末对账、结账的基本要求；了解会计凭证的传递和保管的基本要求，了解账簿的启用、更换与保管。

二、本章思考题

1. 什么是会计凭证？会计凭证有哪些分类？
2. 为什么要取得或填制原始凭证？原始凭证可以分为哪几类？
3. 原始凭证的填制应符合哪些要求？
4. 为什么要编制记账凭证？记账凭证可以分为哪几类？
5. 怎样审核记账凭证？
6. 什么是会计账簿，会计账簿是如何分类的？
7. 账簿登记应注意哪些规则？
8. 错账的更正方法有哪几种？分别适用于什么情况？
9. 什么是对账？对账的具体内容有哪些？
10. 什么是结账？如何进行结账？
11. 如何进行会计凭证的传递？
12. 账簿的更换和保管应注意哪些问题？

三、综合练习题

（一）名词解释

1. 会计凭证

2. 原始凭证
3. 外来原始凭证
4. 记账凭证
5. 账簿
6. 分类账簿
7. 结账
8. 专用记账凭证
9. 会计凭证的传递

（二）单项选择题

1. 现金和银行存款之间相互划转的业务，应填制的专用记账凭证是（   ）。
   A. 收款凭证   B. 付款凭证
   C. 转账凭证   D. 通用记账凭证

2. 填制原始凭证大小写数字应相符，并符合规范。大写金额为"人民币捌万零叁元陆角整"，其小写应为（   ）。
   A. ¥80 003.60 元   B. ¥80 003.6 元
   C. ¥80 003.6   D. ¥80 003.60

3. 下列凭证中，属于外来原始凭证的是（   ）。
   A. 领料单   B. 发料汇总表
   C. 医药费收据   D. 产品入库单

4. 下列凭证中，属于自制原始凭证的是（   ）。
   A. 现金支出单   B. 购货发票
   C. 车船票   D. 银行结算凭证

5. 会计凭证分为原始凭证和记账凭证，这种分类是按（   ）划分的。
   A. 用途和填制程序   B. 来源
   C. 填制方式   D. 经济内容

6. 购进材料一批，已预付部分货款，余款由银行存款补付，应填制的专用记账凭证是（   ）。
   A. 收款凭证和转账凭证   B. 付款凭证和转账凭证
   C. 两张付款凭证   D. 两张转账凭证

7. 会计人员审核原始凭证时发现其金额有错，正确的做法是（   ）。
   A. 由开出单位重新填制   B. 由经办人更正
   C. 由会计人员更正   D. 由审核人员更正

8. 下列会计科目可能是收款凭证贷方的是（   ）。
   A. 主营业务成本   B. 生产成本   C. 应收账款   D. 累计折旧

9. 以下（   ）科目不会出现在转账凭证上。
   A. 库存现金   B. 生产成本   C. 管理费用   D. 应交税费

10. 登记账簿的依据是（　　）。
A. 经济合同　　　　　　　　　　B. 会计凭证
C. 相关文件　　　　　　　　　　D. 以上都不是

11. 按照一级科目设置，登记全部经济业务总括的资料是（　　）。
A. 现金日记账　　　　　　　　　B. 明细账
C. 总分类账　　　　　　　　　　D. 银行存款日记账

12. 应采用数量金额式账页明细账的是（　　）。
A. 应收账款　　　　　　　　　　B. 应交税费
C. 原材料　　　　　　　　　　　D. 生产成本

13. "应付账款"明细账一般采用（　　）账页。
A. 二栏式　　　　　　　　　　　B. 三栏式
C. 多栏式　　　　　　　　　　　D. 数量金额式

14. 必须逐日结出余额的是（　　）。
A. 总分类账　　　　　　　　　　B. 现金日记账
C. 应付账款明细账　　　　　　　D. 应收账款明细账

15. 外来原始凭证一般都是（　　）。
A. 累计凭证　　　　　　　　　　B. 一次凭证
C. 汇总原始凭证　　　　　　　　D. 记账凭证

16. "应交税费——应交增值税"明细账应采用的账页格式是（　　）。
A. 借贷方多栏式　　　　　　　　B. 借方多栏式
C. 贷方多栏式　　　　　　　　　D. 三栏式

17. 下列各项业务中，应编制付款凭证的是（　　）。
A. 收回前欠货款 30 000 元
B. 购入材料 10 000 元，款未付
C. 以银行存款归还前欠货款 20 000 元
D. 接受投资者投入的资金 50 000 元

18. 下列业务应编制库存现金收款凭证的是（　　）。
A. 出售材料一批，款未收
B. 从银行提取现金
C. 出租设备，收到一张转账支票
D. 报废一台电脑，出售残料收到现金

19. 记账后发现记账凭证的科目发生错误，应采用的更正方法是（　　）。
A. 红字更正法　　　　　　　　　B. 划线更正法
C. 补充登记法　　　　　　　　　D. 以上均可

20. 下列各项中不应采用多栏式账页的是（　　）。
A. 生产成本明细账　　　　　　　B. 制造费用明细账
C. 主营业务收入明细账　　　　　D. 应收账款明细账

（三）多项选择题

1. 关于会计凭证，下列各项表述中正确的有（　　）。
   A. 会计凭证可以分为原始凭证和记账凭证
   B. 原始凭证是编制记账凭证的依据
   C. 记账凭证是登记账簿的直接依据
   D. 尚未取得原始凭证的经济业务可以先编制记账凭证据以记账

2. 以下应采用三栏式的账页格式进行登记的明细账有（　　）。
   A. 应收账款明细账　　　　　　　B. 库存商品明细账
   C. 短期借款明细账　　　　　　　D. 主营业务收入明细账

3. 下列科目中，可能填列在收款凭证贷方科目的有（　　）。
   A. 银行存款　　B. 实收资本　　C. 主营业务收入　　D. 应收账款

4. 下列凭证中，属于自制原始凭证的有（　　）。
   A. 购货发票　　　　　　　　　　B. 销货发票
   C. 产品入库单　　　　　　　　　D. 差旅费报销单

5. 下列业务中，应填制付款凭证的有（　　）。
   A. 从银行取得借款　　　　　　　B. 用银行存款支付广告费
   C. 完工产品验收入库　　　　　　D. 将现金送存银行

6. 下列业务应编制转账凭证的有（　　）。
   A. 购买材料，尚未付款　　　　　B. 支付材料运费
   C. 车间领用材料　　　　　　　　D. 收回货款

7. 以下关于原始凭证错误的更正说法，正确的有（　　）。
   A. 原始凭证内容错误的可以涂改
   B. 原始凭证金额错误的可以更正，在更正处加盖开具单位的公章即可
   C. 原始凭证内容错误的，可以由开具单位在更正处加盖开具单位的公章
   D. 原始凭证金额错误的，不能更正，只能由开具单位重开

8. 下列凭证中属于记账凭证的有（　　）。
   A. 转账支票　　　　　　　　　　B. 转账凭证
   C. 收款凭证　　　　　　　　　　D. 收款通知单

9. 企业必须采用订本式账簿的有（　　）。
   A. 应交税费明细账　　　　　　　B. 现金日记账
   C. 银行存款日记账　　　　　　　D. 总分类账

10. 以下属于对账工作的有（　　）。
    A. 将账簿记录与凭证进行核对
    B. 总账与明细账进行核对
    C. 总账与日记账进行核对
    D. 材料物资明细账余额与材料物资实存数进行核对

11. 下列各项中，企业应根据相关业务的原始凭证编制收款凭证的有（　　）。
   A. 将销售产品取得的货款存入银行　　B. 从银行存款中提取现金
   C. 收取出租包装物租金　　　　　　　D. 将库存现金送存银行
12. 收款凭证左上角借方科目不应填列的有（　　）。
   A. 银行存款　　　　　　　　　　　　B. 库存现金
   C. 主营业务收入　　　　　　　　　　D. 应收账款
13. 关于划线更正法，下列做法正确的有（　　）。
   A. 用红线将错误的金额整体划去，而不只是个别数字
   B. 用蓝字将正确的金额写在错误的金额上面
   C. 在更正处需要有更正人员的签章
   D. 对已划销的数字，应该保持原有字迹仍可辨认
14. 以下（　　）是原始凭证应具有的内容。
   A. 原始凭证的名称　　　　　　　　　B. 经济业务的内容
   C. 会计科目的名称　　　　　　　　　D. 经办人员的签名或盖章
15. 以下表述正确的有（　　）。
   A. 会计人员对不真实、不合法的原始凭证有权不予接受
   B. 会计人员对不正确、不完整的原始凭证应予以退回
   C. 原始凭证记载的各项内容均不得涂改
   D. 原始凭证金额有错误的，可以由开具单位更正，更正处加盖公章即可

（四）判断题

1. 对于只涉及现金和银行存款之间的收付款业务，一般只编制收款凭证。
（　　）
2. 记账凭证的填制日期与原始凭证的填制日期必须相同。（　　）
3. 记账凭证按年连续编号，可以按全部凭证顺序编号，也可以按凭证类别编号。（　　）
4. 会计凭证的传递包括传递时间和传递路线两个方面。（　　）
5. 职工因公出差的借款凭据，必须附在记账凭证之后；收回借款时另开收据或退还借据副本，不得退还原借据。（　　）
6. 所有记账凭证都必须附有原始凭证。（　　）
7. 现金日记账和银行存款日记账可以采用订本式账簿，也可以采用活页式账簿。（　　）
8. 账簿按其外表形式不同可分为订本式账簿、活页式账簿和卡片式账簿。
（　　）
9. 各种原始凭证都必须由会计人员填制。（　　）
10. 登记账簿时可以使用蓝黑墨水或者碳素墨水书写，也可以使用圆珠笔进行登记。（　　）

11. 如果登记账簿金额出现错误，可以把错误的金额全部划线注销，也可以只划去个别数字。（　）
12. 记账凭证的内容中应包含会计分录。（　）
13. 自制原始凭证都是一次凭证。（　）
14. 明细分类账一般采用订本式账簿。（　）
15. 年度结束后企业所有的账簿都必须更换新账。（　）

（五）业务计算题

1. 【目的】练习通用记账凭证的编制。

【资料】某有限责任公司为增值税一般纳税人，2021年6月发生以下经济业务。

【要求】根据经济业务编制通用记账凭证。

（1）1日，张杰投资400 000元，存入银行。附件2张。

记账凭证

年　月　日　　　　　　　　　　　　　　　记字第　号

摘要	总账科目	明细科目	借方金额										记账√	贷方金额										记账√
			千	百	十	万	千	百	十	元	角	分		千	百	十	万	千	百	十	元	角	分	
附件　张		合计																						

会计主管：　　　　记账：　　　　出纳：　　　　审核：　　　　制证：

（2）3日，收回西峰公司前欠的货款236 000元。附件1张。

记账凭证

年　月　日　　　　　　　　　　　　　　　记字第　号

摘要	总账科目	明细科目	借方金额										记账√	贷方金额										记账√
			千	百	十	万	千	百	十	元	角	分		千	百	十	万	千	百	十	元	角	分	
附件　张		合计																						

会计主管：　　　　记账：　　　　出纳：　　　　审核：　　　　制证：

(3) 4日，从思达公司购入原材料一批，价款 120 000 元，增值税 15 600 元，款项尚未支付，原材料已验收入库。附件 3 张。

记账凭证

年　月　日　　　　　　　　　　　记字第　号

摘要	总账科目	明细科目	借方金额										记账√	贷方金额										记账√
			千	百	十	万	千	百	十	元	角	分		千	百	十	万	千	百	十	元	角	分	
附件　张		合计																						

会计主管：　　　记账：　　　出纳：　　　审核：　　　制证：

(4) 9日，提取现金 5 000 元。附件 2 张。

记账凭证

年　月　日　　　　　　　　　　　记字第　号

摘要	总账科目	明细科目	借方金额										记账√	贷方金额										记账√
			千	百	十	万	千	百	十	元	角	分		千	百	十	万	千	百	十	元	角	分	
附件　张		合计																						

会计主管：　　　记账：　　　出纳：　　　审核：　　　制证：

(5) 15日，开出支票支付当月职工工资 85 132 元。附件 3 张。

记账凭证

年　月　日　　　　　　　　　　　记字第　号

摘要	总账科目	明细科目	借方金额										记账√	贷方金额										记账√
			千	百	十	万	千	百	十	元	角	分		千	百	十	万	千	百	十	元	角	分	
附件　张		合计																						

会计主管：　　　记账：　　　出纳：　　　审核：　　　制证：

2. 【目的】练习专用记账凭证的编制。

【资料】某有限责任公司为增值税一般纳税人,2021年6月发生以下经济业务。

【要求】根据以下经济业务编制专用记账凭证。

(1) 2日,从万山公司购入不需要安装的生产设备一台,价款140 000元,增值税18 200元,全部款项未付。附件5张。

转账凭证

年 月 日　　　　　　　　　　　　　　　　　　　　　转字第　号

摘要	总账科目	明细科目	借方金额 千 百 十 万 千 百 十 元 角 分	记账√	贷方金额 千 百 十 万 千 百 十 元 角 分	记账√
附件　张		合计				

会计主管：　　　　记账：　　　　出纳：　　　　审核：　　　　制证：

(2) 6日,将60 000元现金送存银行。附件1张。

付款凭证

贷方科目：　　　　　　　　　　　　年 月 日　　　　　　　　　　　　付字第　号

摘要	总账科目	明细科目	金额 千 百 十 万 千 百 十 元 角 分	记账√
附件　张		合计		

会计主管：　　　　记账：　　　　出纳：　　　　审核：　　　　制证：

(3) 8日,用银行存款80 000元偿还前欠安迪公司货款。附件1张。

付款凭证

贷方科目：　　　　　　　　　　　　年 月 日　　　　　　　　　　　　付字第　号

摘要	总账科目	明细科目	金额 千 百 十 万 千 百 十 元 角 分	记账√
附件　张		合计		

会计主管：　　　　记账：　　　　出纳：　　　　审核：　　　　制证：

(4) 11 日，收到华达公司所欠货款 48 000 元。附件 1 张。

收款凭证

借方科目：　　　　　　　　　　　　年　月　日　　　　　　　　　　收字第　　号

摘要	总账科目	明细科目	金额										记账 √
			千	百	十	万	千	百	十	元	角	分	
附件　张		合计											

会计主管：　　　　记账：　　　　出纳：　　　　审核：　　　　制证：

(5) 17 日，销售 A 商品取得价款 70 000 元，增值税 9 100 元，款项均已存入银行。附件 2 张。

收款凭证

借方科目：　　　　　　　　　　　　年　月　日　　　　　　　　　　收字第　　号

摘要	总账科目	明细科目	金额										记账 √
			千	百	十	万	千	百	十	元	角	分	
附件　张		合计											

会计主管：　　　　记账：　　　　出纳：　　　　审核：　　　　制证：

3. 【目的】练习账簿的登记。

【资料】某企业为增值税一般纳税人，6 月初银行存款的余额为 450 000 元，本月发生了以下有关银行存款的业务。

【要求】（1）根据业务编制会计分录。

①用银行存款缴纳上月税费，金额为 2 000 元。

②购入原材料一批，价款 100 000 元，增值税为 13 000 元，款项以银行存款支付，材料已入库。

③从银行提取备用金 10 000 元。

④委托银行代发工资，金额为 200 000 元。

⑤支付本月的广告费，金额为 5 000 元。

⑥销售商品，取得价款 400 000 元，增值税 52 000 元，共计 452 000 元，款项已收存银行。

⑦取得短期借款 100 000 元，存入银行。

⑧收回前欠货款 50 000 元，存入银行。

（2）登记银行存款日记账，并计算本期发生额、期末余额。

银行存款日记账

××年		凭证编号	摘要	借方	贷方	余额
月	日					
			期初余额			450 000.00
6	略	略				

4.【目的】练习错账的更正方法。

【资料】某企业会计人员在检查账簿记录时发现有以下错误。

【要求】对以下错账用正确的方法进行更正。

（1）用银行存款支付水电费 2 000 元，记账凭证上编制的会计分录是：

借：管理费用　　　　　　　　　　　　　　　　　2 000
　　贷：银行存款　　　　　　　　　　　　　　　　　　　2 000

在登记银行存款日记账时，误记为 200 元。

(2) 开出现金支票支付本月房租,金额是 5 000 元,记账凭证编制的会计分录是:
  借:管理费用   5 000
    贷:库存现金   5 000

(3) 收到前欠货款 20 000 元,记账凭证的分录是:
  借:银行存款   2 000
    贷:应收账款   2 000

(4) 车间用固定资产的折旧 4 000 元,记账凭证的分录是:
  借:管理费用   4 000
    贷:累计折旧   4 000

(5) 用银行存款 3 000 元偿还应付账款,记账凭证的分录是:
  借:应付账款   30 000
    贷:银行存款   30 000

(六) 案例分析题

1.【资料】取得原始凭证,依据原始凭证编制记账凭证是会计账务处理工作的第一步,有的时候会因为会计人员不负责或者图省事造成会计信息失真。例如，某生产企业的车间领用原材料，领用的原材料一部分用于产品生产；另一部分用于车间一般耗用。根据我们学过的会计知识，用于产品生产的原材料应计入生产成本，车间一般耗用的要计入制造费用，最终分配计入生产成本。但这次的领料单上没有注明材料的用途，会计人员根据以往的经验判断并不是全部用于产品生产。本来会计人员可以通过询问相关人员从而得知领料的准确用途，但如果会计人员认为金额不大，去询问太麻烦，而且也不是自己的原因，就直接全部计入某产品的生产成本，从而导致产品成本计算的失真。在这个事例中，会计人员其实不存在主观做假的意图，只是因为不负责任造成的。但有的时候会计人员有主观意图假账真做或真账假做。

某民营企业生产两种产品，其中一种产品按照国家的政策可以免征增值税；另一种产品按照基本税率征收增值税。企业在销售了两种产品的情况下，故意不去区分两种产品，全部按照免税产品作账务处理，即把收到的钱全部计入到收入中。这是真账假做。

某上市公司在年底的时候发现距离完成营业收入的指标还差500万元，于是该公司虚构交易合同，虚构出库单，虚开发票，并让会计人员按照这些虚构的凭证作账务处理，最终完成了营业收入的指标。这是假账真做。

【要求】请思考，在"真账假做"的案例中，企业想要达到什么目的？在"假账真做"的案例中，企业完成了营业收入指标，但需要付出代价是什么？

2.【资料】红星公司购买办公用品一批，价款为1 680元，但取得发票后发现发票金额为1 860元，办公室采购员李某将这张错误的发票退回到商场要求重开，商场财务人员在原发票上按规范将金额更正为1 680元，并退回给李某，李某将此发票拿回公司报账，会计人员审核无误后入账。

【要求】红星公司这样处理是否正确？为什么？

（七）综合实训题

【资料】广东佰平防盗锁具有限公司为增值税一般纳税人，主要生产汽车及摩托车防盗锁具，注册资本700万元。2021年9月初公司账户余额资料见表5-1。其他资料如下。

【要求】根据给出的原始凭证编制记账凭证，并编制试算平衡表。

表 5-1　　　　　　　　　　　　　期初账户余额资料

总账科目	二级科目	三级科目	余额 借方	余额 贷方
库存现金			1 390.40	
银行存款			704 573.21	
	工商银行		517 437.38	
	中国银行		187 135.83	
应收票据			507 000.00	
	银行承兑汇票	中山百货公司	507 000.00	
应收账款			1 488 900.00	
	广州南方百货公司		120 000.00	
	顺德摩配件公司		1 368 900.00	
预付账款			100 000.00	
	顺德金属拉伸厂		100 000.00	
其他应收款			2 000.00	
	采购科	杜强	2 000.00	
在途物资			52 500.00	
	辅助材料	胶管	52 500.00	
原材料			2 944 000.00	
	明细资料见表 5-2			
库存商品			1 240 000.00	
	明细资料见 5-2			
生产成本			105 900.00	
	明细资料见表 5-3			
固定资产			6 000 000.00	
累计折旧				1 680 252.33
应付票据				671 463.00
	银行承兑汇票	上海铜业集团		671 463.00
应付账款				74 763.00
	广州五羊塑料厂			74 763.00
应付职工薪酬				348 781.56
	工资			348 781.56
应交税费				284 010.00
	未交增值税			284 010.00
实收资本				7 000 000.00
	刘万良			5 000 000.00
	赵求真			2 000 000.00

续表

总账科目	二级科目	三级科目	金额	
			借方	贷方
盈余公积	法定盈余公积			671 683.79
本年利润				134 509.93
利润分配	未分配利润			2 280 800.00
合计			13 146 263.61	13 146 263.61

表 5-2　　　　　　　　　　　　原材料期初余额资料

名称	计量单位	数量	单价	金额
主要材料				
铜材	吨	20.00	42 500.00	850 000.00
钢材	吨	20.00	5 050.00	101 000.00
锌合金	吨	20.00	32 000.00	640 000.00
铁材	吨	10.00	4 300.00	43 000.00
小计				1 634 000.00
辅助材料				
弹簧	根	800 000	0.20	160 000.00
锁利	粒	2 000 000	0.05	100 000.00
胶管	条	100 000	10.50	1 050 000.00
小计				1 310 000.00
材料合计				2 944 000.00

表 5-3　　　　　　　　　　　　库存商品期初余额资料

名称	单位	数量	单价	金额
锌合金锁	把	20 000	38.00	760 000.00
钢锁	把	20 000	24.00	480 000.00
合计				1 240 000.00

表 5-4　　　　　　　　　　　　生产成本期初余额资料

产品名称	成本项目			合计
	直接材料	直接人工	制造费用	
锌合金锁	55 000.00	4 000.00	1 800.00	60 800.00
钢锁	40 000.00	3 200.00	1 900.00	45 100.00
合计				105 900.00

（1）销售产品一批，收到转账支票一张；开出增值税专用发票一张。

原始凭证：进账单、增值税专用发票记账联。

业务1

广东增值税专用发票　　No 01827566

0440 0063140

记 账 联

开票日期：2021年9月1日

购货单位	名　称：广东佰平百货公司	密码区	<4/59/27<-*8545*70<>4　加密版:01 614274<04375>>>03//24　400063140 *11/595>156>4/0891312　1827566 <-7+128>>2*-31899>>16
	纳税人识别码：440019122543980		
	地址、电话：广州市寺右二马路46号020-85431264		
	开户行及账号：工商银行广州五羊支行235-42836731		

货物或应税劳务名称	规格型号	单位	数量	单价	金额	税率	税额
锌合金锁	212	把	10 000	85.00	850 000.00	13%	110 500.00
钢锁	222	把	10 000	75.00	750 000.00	13%	97 500.00
合　计					¥1 600 000.00		¥208 000.00

价税合计（大写）	⊗壹佰捌拾万零捌仟元整　　　（小写）¥1 808 000.00

销货单位	名　称：广东佰平防盗锁具有限公司	备注
	纳税人识别码：440102751959929	
	地址、电话：广州市寺右二马路53号020-31706989	
	开户行及账号：工商银行广州五羊新城支行09310066669	

收款人：何志宏　　复核：刘民权　　开票人：唐小娟　　销货单位（章）

银行 进账单 （回单）　　1

2021年9月1日

收款人	全　称	广东佰平锁具防盗有限公司	付款人	全　称	广东佰平百货公司
	账　号	09310066669		账　号	235－42836731
	开户银行	工商银行广州五羊新城支行		开户银行	工商银行广州五羊支行

金额	人民币 （大写）壹佰捌拾万零捌仟元整	亿	千	百	十	万	千	百	十	元	角	分
			¥	1	8	0	8	0	0	0	0	0

票据种类	转账支票	票据张数	1张
票据号码	6 393		

复核　　记账　　　　　　开户银行盖章

（2）9月2日，验收入库8月订购的在途物资胶管一批（惠州胶管制造厂制造，5 000 条，价款 52 500.00 元）。

原始凭证：收料单。

业务2

收料单 1

供货单位：惠州胶管制造厂
发票号码：_____0984_____   2021年9月2日   收货仓库：辅助材料库

材料类别	名称及规格	计量单位	数量		实际成本	
			应收	实收	单价	金额
辅助材料	胶管	条	5 000	5 000	10.50	52 500.00
	合计		5 000	5 000		￥52 500.00

验收：吴越   保管：   记账：   制单：张江

（3）9月3日，收到发票一张，签发工商银行支票一张付讫。
原始凭证：发票、支票存根。

业务3

广州商品交易会专用发票   03 0009816

发 票 联

付款单位：广东佰平防盗锁具有限公司   2021年9月3日

项 目	单 位	数量	单价	金 额								
				十万	万	千	百	十	元	角	分	
广州商品交易会专场A级摊位费						3	0	0	0	0	0	
合计人民币（大写）	叁仟元整			￥		3	0	0	0	0	0	

税务登记
粤税直三 B011411032   单位盖章   经手人：曹平

中国工商银行
转账支票存根
XIV00000000

附加信息 _____
        _____

出票日期 2021 年 9 月 3 日

收款人：广州商品交易会
金　额：￥3 000.00
用　途：摊位费

(4) 9月3日收到银行转来打印回单一份。

原始凭证：银行回单一张。

业务4

	跨系统业务回单	工 商 银 行
00855307	打印日期：20210903	INDUSTRIAL AND COMMERCIAL BANK

业务类型	：100101	系统编号	：2021090394000**PDHZ00222358
委托日期	：20210903	业务日期	：20210903
发报行行号	：564	接收行行号：0931	支付交易序号：00855307
收款人账号	：09310066669		
收款人名称	：广东佰平防盗锁具有限公司		
付款人账号	：564001013418		
付款人名称	：顺德摩配件公司		
货币	：001	金额	：CNY1 368 900.00
附言	：货款		
用途	：		
业务种类	：		
付费单位预			
所属期间	：	税费种类	：
收费单位流水号	：		
我行对转账号	：		
我行对转账号名称	：		
备注	：		

工商银行广
五羊支行
2021-9-03
转 讫
（6）

(5) 购入材料。

原始凭证：发票、收料单、支票存根。

业务5

044002141	广东增值税专用发票	NO 08533152
	发票联	开票日期：2021年9月6日

购货单位	名 称：广东佰平防盗锁具有限公司	密码区	<4/59/27<-*8545*70<>4	加密版：01
	纳税人识别码：440102751959929		614274<04375>>>03//24	650140875
	地址、电话：广州市越秀区五羊新城寺右二马路53号		*11/595>156/4/0891312	02085702
	开户行及账号：工商银行广州五羊支行09310066669		<-7+128>>2*-31899>>16	

货物或应税劳务名称	规格型号	单位	数量	单价	金额	税率	税额
铜材		吨	5	40 000	200 000.00	13%	26 000.00
钢材		吨	5	5 000	25 000.00	13%	3 250.00
不锈钢		吨	10	10 500	105 000.00	13%	13 650.00
锌合金		吨	10	30 000	300 000.00	13%	39 000.00
铁材		吨	20	4 000	80 000.00	13%	10 400.00
合 计					¥710 000.00		¥92 300.00

价税合计（大写）	⊗捌拾万零贰仟叁佰元整	（小写）¥802 300.00

销货单位	名 称：顺德金属拉伸厂	备注	顺德金属拉伸厂
	纳税人识别码：310105207113040		310105207113040
	地址、电话：广州市东兴南路180号020-31903201		发票专用章
	开户行及账号：工商银行广州洗村支行5511415056		

收款人：陈菊　　复核：张雪　　开票人：徐大兴　　销货单位（章）

收料单 1

供货单位：顺德金属拉伸厂
发票号码：3152
2021 年 9 月 6 日
收货仓库：主要材料库

材料类别	名称及规格	计量单位	数量		实际成本	
			应收	实收	单价	金额
主要材料	铜材	吨	5	5	4 0000	200 000.00
主要材料	钢材	吨	5	5	5 000	25 000
主要材料	不锈钢	吨	10	10	10 500	105 000
主要材料	锌合金	吨	10	10	30 000	300 000
主要材料	铁材	吨	20	20	4 000	80 000
	合计		50	50		￥170 000.00

验收：李浩　　　保管：　　　记账：　　　制单：王贺

中国二商银行
转账支票存根
XIVC0000001

附加信息 _____

出票日期　2021 年 9 月 6 日

收款人：顺德金属拉伸厂
金　额：￥802 300.00
用　途：货款

（6）收到借款单一张。
原始凭证：借款单。

业务 6

借 款 审 批 单

2021年9月6日

借款部门	采购科	借款人	岳德军
借款事由	外出采购材料		
借款金额	人民币（大写）壹仟伍佰零拾零元零角零分		
预计还款报销日期	2021年10月10日		￥1 500.00
审批意见	同意借支　赵求真	现金付讫	借款人签收　岳德军　2021年9月6日

会计主管：顾苗蒂　　　　　出纳：何志宏

广州佰平会计用品有限公司印刷

（7）办公室购入墨盒三个。
原始凭证：发票。

业务 7

广东省国家税务局通用机打发票

广东增值税专用发票　　　　　NO 00590267

开票日期：2021 年 9 月 8 日

购货单位	名　　称：广东佰平防盗锁具有限公司 纳税人识别码：440102751959929 地址、电话：广州市越秀区五羊新城寺右二马路53号 开户行及账号：工商银行广州五羊支行09310066669	密码区	<4/59/27 < - *8545*70 < >4　　加密版：01 614274 <04375 > > >03//24　　650140875 *11/595 >156 >4/0891312　　02085702 <-7+128 > >2*-31899 > >16

货物或应税劳务名称	规格型号	单位	数量	单价	金额	税率	税额
墨盒		个	3	100	300.00	13%	39.00
		现金付讫					
合　　计					￥300.00		￥39.00

价税合计（大写）	⊗叁佰叁拾玖元整　　　　　（小写）￥339.00

销货单位	名　　称：广州市恒达科技发展公司 纳税人识别码：310162733420150490 地址、电话：广州市东晓南路180号 020-32906852 开户行及账号：工商银行广州江南路支行445513568758	备注	（广州市恒达科技发展有限公司 44106852378602 发票专用章）

收款人：王江　　　　复核：黄星　　　　开票人：冯紫玉　　　　销货单位（章）

（8）办公室购入复印纸。
原始凭证：发票。

业务 8

广东增值税专用发票						NO 31013251		
0440021130						开票日期：2021年9月10日		
购货单位	名　　　称：	广东佰平防盗锁具有限公司			密码区	<4/59/27<-*8545*70<>4　加密版：01 614274<04375>>>03//24　852050763 *11/595>156>4/0891312　31013251 <-7+128>>2*-31899>>16		
	纳税人识别码：	440102751959929						
	地址、电话：	广州市越秀区五羊新城寺右二马路53号						
	开户行及账号：	工商银行广州五羊新城支行09310066669						
货物或应税劳务名称	规格型号	单位	数量	单价		金额	税率	税额
复印纸	A4	刀	二	200.00		200.00	13%	26.00
		现金付讫						
合　　计						￥200.00		￥26.00
价税合计（大写）	⊗贰佰贰拾陆元整					（小写）￥226.00		
销货单位	名　　　称：	广州文汇文具商店			备注	广州文汇文具商店 330302100731104 发票专用章		
	纳税人识别码：	330302100731104						
	地址、电话：	广州市文化路614号020-74421063						
	开户行及账号：	工商银行广州市文化路支行0445700121						
收款人：常江		复核：叶大明		开票人：姚刚		销货单位（章）		

第三联：发票联　购货方记账凭证

（9）收到银行转来电子缴费回单一份。

原始凭证：银行回单。

业务 9

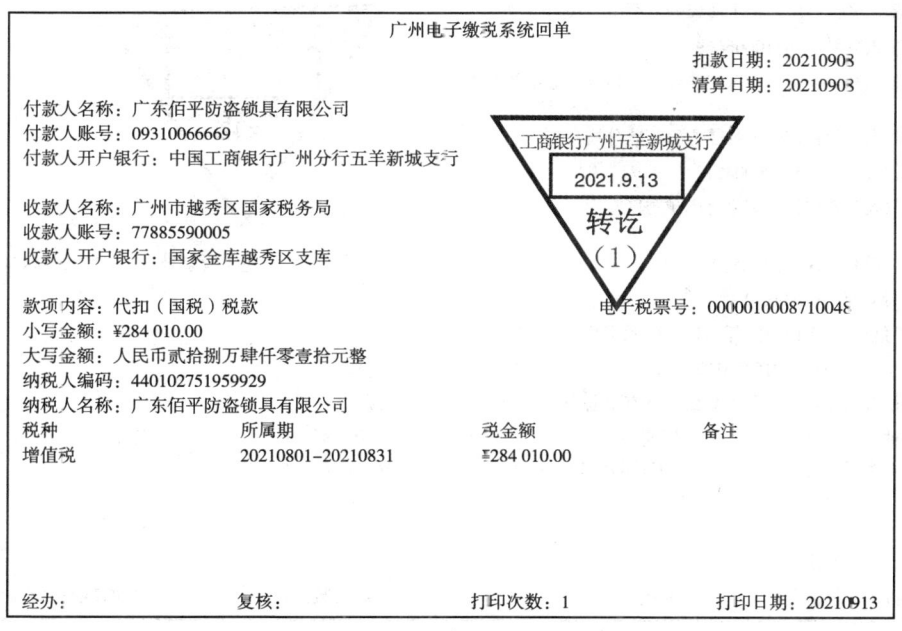

（10）收到银行收费凭证。

原始凭证：银行收费凭证。

业务 10

结算业务（凭证）收费凭证（代缴费回单）

2021年9月15日

户名（付款人）：广东佰平防盗锁具有限公司

账号：09310066669

结算业务（凭证）种类和号码	单价	笔数（本）	工本费				邮电费				手续费				合计金额				
			百	十	元	角	分	百	十	元	角	分	百	十	元	角	分	千	百	十	元	角	分
手续费																							
备注：		合　　计																	0	0	
		人民币（大写）：壹佰元整																						
		银行盖章					复核									记账		刘雪					

（11）收到银行转来电子缴费回单一份。

原始凭证：银行回单。

业务 11

广州电子缴税系统回单

扣款日期：20210915
清算日期：20210915

付款人名称：广东佰平防盗锁具有限公司
付款人账号：09310066669
付款人开户银行：中国工商银行广州分行五羊新城支行

收款人名称：广州地税越秀区征收分局
收款人账号：56270004013
收款人开户银行：国家金库越秀区支库

款项内容：代扣国（地）税款   电子税票号：3201321217143476
小写金额：¥6 806.70
大写金额：人民币陆仟捌佰零陆元柒角整
纳税人编码：440102751959929
纳税人名称：广东佰平防盗锁具有限公司

税种	所属期	纳税金额	备注
个人所得税	20210801—20210831	¥6 806.70	

经办：　　　　　复核：　　　　　打印次数：1　　　　　打印日期：20210915

（12）收到银行回单、增值税专用发票、编制电费分配表，分配电费。

原始凭证：银行回单、增值税专用发票、电费分配表。

业务12

中国工商银行借方通知回单

日期：2021年9月22日

付款人	开户银行	工行五羊新城支行	收款人	开户银行	工行东山支行
	账　号	09310066669		账　号	20300033483
	名　称	广东佰平防盗锁具有限公司		名　称	广东省供电公司广州分公司
金额	人民币（大写）	伍万肆仟贰佰肆拾元整			￥54 240.00
用途：电费			科目（借）：		
会计主管：	复核：	记账：	科目（贷）：		

0440021502　　　　　　广东省增值税专用发票　　　　　　NO 00620078

开票日期：2021年9月22日

购货单位	名称：广东佰平防盗锁具有限公司	密码区	<4/59/27<-*8545*70<>4　　加密版：01
	纳税人识别码：440102751959929		614274<04375>>>03//24　　215097671
	地址、电话：广州市越秀区五羊新城寺右二马路53号		*11/595>156>4/0891312　　00620078
	开户行及账号：工商银行广州五羊新城支行09310066669		<-7+128>>2*-31899>>16

货物或应税劳务名称	规格型号	单位	数量	单价	金额	税率	税额
电费		度	40 000	1.20	48 000.00	13%	6 240.00
合　计					￥48 000.00		￥6 240.00

价税合计（大写）	⊗伍万肆仟贰佰肆拾陆元整　　　（小写）￥54 240.00		
销货单位	名称：广东省供电公司广州分公司	备注	
	纳税人识别码：310201446396011		
	地址、电话：广州市东山路2167号		
	开户行及账号：工商银行广州市东山路支行20300033483		

收款人：欧复兴　　　复核：蒋开信　　　开票人：陈诉　　　销货单位（章）

电费分配计算表
2021 年 9 月

部门	分配比例	金额
基本生产车间	80%	38 400.00
行政管理部门	15%	7 200.00
销售部门	5%	2 400.00
合计		¥48 000.00

（13）9月24日，根据工资结算汇总表分配工资费用。

原始凭证：工资结算汇总表。

业务 13

工资结算汇总表
2021 年 9 月

部门		基本工资	岗位工资	本月奖金	扣出勤款	扣废品款	应付工资
基本生产车间	锌合金锁	55 097.83	70 327.83	20 250.00	3 102.79	930.83	149 709.28
	钢锁	67 341.86	85 956.23	24 750.00	3 792.29	1 137.70	182 978.08
	管理人员	12 734.25	14 389.71	5 000.00			32 123.96
销售部门		10 038.40	18 069.12	4 000.00			32 107.52
行政管理部门		27 384.07	30 944.00	6 100.00			64 428.07
合计		172 596.41	219 686.89	60 100.00	6 895.08	2 068.53	461 346.91

（14）收到银行回单和增值税专用发票，分配水费。

付款人	开户银行	工行五羊新城支行	收款人	开户银行	工行胜利路支行
	账号	09310066669		账号	25404684229
	名称	广东佰平防盗锁具有限公司		名称	广东省自来水公司广州分公司
金额	人民币（大写）	伍仟肆佰伍拾元整	¥5 450.00		
用途：水费			科目（借）		
会计主管： 复核： 记账：			科目（贷）		

工商银行广州五羊新城
2021.09.25
转讫
（8）

原始凭证：银行回单、增值税专用发票、水费分配表。

业务 14

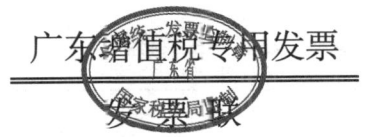

广东增值税专用发票　　　　NO 78003625

0440021312

发票联　　　　　　开票日期：2021年9月25日

购货单位	名　　称：广东佰平防盗锁具有限公司 纳税人识别码：440102751959929 地址、电话：广州市越秀区五羊新城寺右二马路53号 开户行及账号：工商银行广州五羊新城支行0931006669	密码区	<4/59/27<-*8545*70<>4　加密版：01 614274<04375>>>03//24　　215097671 *11/595>156>4/0891312　　0062 0078 < -7+128>>2*-31899>>16

货物或应税劳务名称	规格型号	单位	数量	单价	金额	税率	税额
工业用水		吨	2 500	2.00	5 000.00	9%	450.00
合　　计					￥5 000.00		￥450.00

价税合计（大写）	⊗伍仟肆佰伍拾元整　　（小写）￥5 450.00

销货单位	名　　称：广东省自来水公司广州分公司 纳税人识别码：310213446391060 地址、电话：广州市四方路58号 开户行及账号：工商银行广州市胜利路支行2540-684329	备注	广东省自来水公司广州分公司 360483778846576 发票专用章

收款人：张磊　　复核：王丽　　开票人：李浩　　销货单位（章）

水费分配表
2021年9月

部门	分配比例	金额
基本生产车间	80%	4 000.00
行政管理部门	15%	750.00
销售部门	5%	250.00
合计		￥5 000.00

（15）9月25日，根据发料汇总表，分配材料费用。

原始凭证：发料汇总表（主要材料、辅助材料），材料费用分配表。

业务 15

发料汇总表（主要材料）
2021 年 9 月

材料名称	期初库存		本期购进		加权平均单价	本期发出		
	数量	金额	数量	金额		用途	数量	金额
铜材	20.00	850 000.00	5.00	200 000.00	42 000.00	锌合金锁	7.00	294 000.00
						钢锁	9.00	378 000.00
						小计		¥672 000.00
钢材	20.00	101 000.00	5.00	25 000.00	5 040.00	钢锁	14.00	70 560.00
						小计		¥70 560.00
锌合金	20.00	640 000.00	10.00	300 000.00	31 333.33	锌合金锁	12.00	376 000.00
						钢锁	1.00	31 333.33
						小计		¥407 333.33
铁材	10.00	43 000.00	20.00	80 000.00	4 100.00	锌合金锁	15.00	61 500.00
						钢锁	5.00	20 500.00
						小计		¥82 000.00

发料汇总表（辅助材料）
2021 年 9 月

材料名称	期初库存		本期购进		加权平均单价	本期发出		
	数量	金额	数量	金额		用途	数量	金额
弹簧	800 000	160 000.00			0.20	锌合金锁	80 000.00	16 000.00
						钢锁	120 000.00	24 000.00
						小计		¥40 000.00
锁利	2 000 000.00	100 000.00			0.05	锌合金锁	220 000.00	11 000.00
						钢锁	300 000.00	15 000.00
						小计		¥26 000.00
胶管	100 000.00	1 050 000.00	5 000.00	52 500.00	10.50	锌合金锁	13 000.00	136 500.00
						钢锁	11 000.00	115 500.00
						小计		¥252 000.00

材料费用分配表
2021 年 9 月

应借项目		成本项目	主要材料				辅助材料			材料费用合计
			铜材	钢材	锌合金	铁材	弹簧	锁利	胶管	
生产成本	锌合金锁	直接材料	294 000.00	70 560.00	376 000.00	61 500.00	16 000.00	11 000.00	136 500.00	¥965 560.00
	钢锁	直接材料	378 000.00		31 333.33	20 500.00	24 000.00	15 000.00	115 500.00	¥584 333.33
合计			¥672 000.00	¥70 560.00	¥407 333.33	¥82 000.00	¥40 000.00	¥26 000.00	¥252 000.00	¥1 549 893.33

(16) 9月25日编制固定资产折旧分配表，计提折旧。

原始凭证：固定资产折旧分配表。

业务 16

固定资产折旧分配表
2021年9月

资产名称	本月计提折旧额				使用部门	分配比例	分配的折旧额
	原值	残值率	预计使用年限（月）	折旧额			
基本产生设备	1 800 000.00	5%	180	9 500.00	基本生产车间	100%	9 500.00
辅助生产设备	300 000.00	5%	60	4 750.00	基本生产车间	100%	4 750.00
车间	1 500 000.00	5%	180	7 916.67	基本生产车间	100%	7 916.67
办公楼	1 200 000.00	5%	180	6 333.33	行政管理部门	80%	5 066.67
		5%			销售部门	20%	1 266.67
管理设备	600 000.00	5%	120	4 750.00	行政管理部门	80%	3 800.00
		5%			销售科	20%	950.00
仓库	300 000.00	5%	180	1 583.33	采购科	100%	1 583.33
运输设备	300 000.00	5%	120	2 375.00	车队	100%	2 375.00
合计	¥6 000 000.00			¥37 208.33			¥37 208.33

(17) 9月28日填制"制造费用分配表"，分配制造费用。制造费用按定额工时分配（请先完成制造费用分配表的金额填列）。

原始凭证：制造费用分配表。

业务 17

制造费用分配表
2021年9月

项目	定额工时	分配率	分配金额
锌合金锁	4 800		
钢锁	4 500		
合计	9 300		

(18) 9月28日编制完工产品成本计算表，结转完工产品成本（请先完成产品成本计算表和入库单的金额填列）。

原始凭证：产品成本计算表、入库单。

业务 18

产品成本计算表
2021 年 9 月

产品名称：锌合金锁				
项目	直接材料	直接人工	制造费用	合计
月初在产品	55 000.00	4 000.00	1 800.00	60 800.00
本月生产费用				
月末在产品	66 000.00	5 000.00	2 100.00	73 100.00
完工产品总成本				
完工产品数量（把）	25 000			
单位成本				

产品成本计算表
2021 年 9 月

产品名称：钢锁				
项目	直接材料	直接人工	制造费用	合计
月初在产品	40 000.00	3 200.00	1 900.00	45 100.00
本月生产费用				
月末在产品	49 000.00	4 000.00	2 000.00	55 000.00
完工产品总成本				
完工产品数量（把）	30 000			
单位成本				

入库单
2021 年 9 月

收货部门：产成品仓库

产品名称	单位	数量	成本总额
锌合金锁	把	25 000	
钢锁	把	30 000	

（19）9 月 28 日编制产品收发汇总表，结转本月销售成本（请先完成产品收发汇总表的金额填列）。

原始凭证：产品收发汇总表。

业务 19

产品收发汇总表
2021 年 9 月

产品名称	期初库存		本期完工入库		加权平均单价	本期发出		
	数量	金额	数量	金额		用途	数量	金额
锌合金锁	20 000	760 000.00	25 000			销售	10 000	
钢锁	20 000	480 000.00	30 000			销售	10 000	
合计		1 240 000.00						

（20）9 月 30 日编制损益类账户本期发生额汇总表，结转当期损益（请先完成表中金额的填列）。

原始凭证：损益类账户发生额汇总表。

业务 20

损益类账户发生额汇总表
2021 年 9 月

账户名称	本期发生额
主营业务收入	
主营业务成本	
销售费用	
管理费用	
财务费用	

附：空白记账凭证。

记账凭证
2021 年 9 月　日　　　　　　　　　　　记字第　号

摘要	总账科目	明细科目	借方金额	记账 √	贷方金额	记账 √
附件　　张		合计				

会计主管：　　　　记账：　　　　出纳：　　　　审核：　　　　制证：

记账凭证

2021 年 9 月　　日　　　　　　　　　　　　　　　　　　　记字第　号

摘要	总账科目	明细科目	借方金额	记账 √	贷方金额	记账 √
附件　张		合计				

会计主管：　　　记账：　　　出纳：　　　审核：　　　制证：

记账凭证

2021 年 9 月　　日　　　　　　　　　　　　　　　　　　　记字第　号

摘要	总账科目	明细科目	借方金额	记账 √	贷方金额	记账 √
附件　张		合计				

会计主管：　　　记账：　　　出纳：　　　审核：　　　制证：

记账凭证

2021 年 9 月　　日　　　　　　　　　　　　　　　　　　　记字第　号

摘要	总账科目	明细科目	借方金额	记账 √	贷方金额	记账 √
附件　张		合计				

会计主管：　　　记账：　　　出纳：　　　审核：　　　制证：

记账凭证

2021 年 9 月　　日　　　　　　　　　　　　　　　记字第　号

摘要	总账科目	明细科目	借方金额	记账 √	贷方金额	记账 √
附件　张		合计				

会计主管：　　　记账：　　　出纳：　　　审核：　　　制证：

记账凭证

2021 年 9 月　　日　　　　　　　　　　　　　　　记字第　号

摘要	总账科目	明细科目	借方金额	记账 √	贷方金额	记账 √
附件　张		合计				

会计主管：　　　记账：　　　出纳：　　　审核：　　　制证：

记账凭证

2021 年 9 月　　日　　　　　　　　　　　　　　　记字第　号

摘要	总账科目	明细科目	借方金额	记账 √	贷方金额	记账 √
附件　张		合计				

会计主管：　　　记账：　　　出纳：　　　审核：　　　制证：

记账凭证

2021 年 9 月　　日　　　　　　　　　　　　　　　　　　记字第　号

摘要	总账科目	明细科目	借方金额	记账 √	贷方金额	记账 √
附件　张		合计				

会计主管：　　　记账：　　　出纳：　　　审核：　　　制证：

记账凭证

2021 年 9 月　　日　　　　　　　　　　　　　　　　　　记字第　号

摘要	总账科目	明细科目	借方金额	记账 √	贷方金额	记账 √
附件　张		合计				

会计主管：　　　记账：　　　出纳：　　　审核：　　　制证：

记账凭证

2021 年 9 月　　日　　　　　　　　　　　　　　　　　　记字第　号

摘要	总账科目	明细科目	借方金额	记账 √	贷方金额	记账 √
附件　张		合计				

会计主管：　　　记账：　　　出纳：　　　审核：　　　制证：

记账凭证

2021 年 9 月　　日　　　　　　　　　　　　　　　　　　记字第　　号

摘要	总账科目	明细科目	借方金额	记账 √	贷方金额	记账 √
附件　　张		合计				

会计主管：　　　　　记账：　　　　　出纳：　　　　　审核：　　　　　制证：

记账凭证

2021 年 9 月　　日　　　　　　　　　　　　　　　　　　记字第　　号

摘要	总账科目	明细科目	借方金额	记账 √	贷方金额	记账 √
附件　　张		合计				

会计主管：　　　　　记账：　　　　　出纳：　　　　　审核：　　　　　制证：

记账凭证

2021 年 9 月　　日　　　　　　　　　　　　　　　　　　记字第　　号

摘要	总账科目	明细科目	借方金额	记账 √	贷方金额	记账 √
附件　　张		合计				

会计主管：　　　　　记账：　　　　　出纳：　　　　　审核：　　　　　制证：

记账凭证

2021 年 9 月　　日　　　　　　　　　　　　　　记字第　号

摘要	总账科目	明细科目	借方金额	记账√	贷方金额	记账√
附件　　张		合计				

会计主管：　　　　记账：　　　　出纳：　　　　审核：　　　　制证：

记账凭证

2021 年 9 月　　日　　　　　　　　　　　　　　记字第　号

摘要	总账科目	明细科目	借方金额	记账√	贷方金额	记账√
附件　　张		合计				

会计主管：　　　　记账：　　　　出纳：　　　　审核：　　　　制证：

记账凭证

2021 年 9 月　　日　　　　　　　　　　　　　　记字第　号

摘要	总账科目	明细科目	借方金额	记账√	贷方金额	记账√
附件　　张		合计				

会计主管：　　　　记账：　　　　出纳：　　　　审核：　　　　制证：

记账凭证

2021 年 9 月　日　　　　　　　　　　　　　　　　　　　　　记字第　号

摘要	总账科目	明细科目	借方金额	记账 √	贷方金额	记账 √
附件　张		合计				

会计主管：　　　　记账：　　　　出纳：　　　　审核：　　　　制证：

记账凭证

2021 年 9 月　日　　　　　　　　　　　　　　　　　　　　　记字第　号

摘要	总账科目	明细科目	借方金额	记账 √	贷方金额	记账 √
附件　张		合计				

会计主管：　　　　记账：　　　　出纳：　　　　审核：　　　　制证：

记账凭证

2021 年 9 月　日　　　　　　　　　　　　　　　　　　　　　记字第　号

摘要	总账科目	明细科目	借方金额	记账 √	贷方金额	记账 √
附件　张		合计				

会计主管：　　　　记账：　　　　出纳：　　　　审核：　　　　制证：

记账凭证
2021 年 9 月　日　　　　　　　　　　　　　　　　记字第　号

摘要	总账科目	明细科目	借方金额	记账 √	贷方金额	记账 √
附件　　张		合计				

会计主管：　　　　记账：　　　　出纳：　　　　审核：　　　　制证：

记账凭证
2021 年 9 月　日　　　　　　　　　　　　　　　　记字第　号

摘要	总账科目	明细科目	借方金额	记账 √	贷方金额	记账 √
附件　　张		合计				

会计主管：　　　　记账：　　　　出纳：　　　　审核：　　　　制证：

记账凭证
2021 年 9 月　日　　　　　　　　　　　　　　　　记字第　号

摘要	总账科目	明细科目	借方金额	记账 √	贷方金额	记账 √
附件　　张		合计				

会计主管：　　　　记账：　　　　出纳：　　　　审核：　　　　制证：

记账凭证

2021 年 9 月　　日　　　　　　　　　　　　　　　　记字第　号

摘要	总账科目	明细科目	借方金额	记账 √	贷方金额	记账 √
附件　　张	合计					

会计主管：　　　　记账：　　　　出纳：　　　　审核：　　　　制证：

记账凭证

2021 年 9 月　　日　　　　　　　　　　　　　　　　记字第　号

摘要	总账科目	明细科目	借方金额	记账 √	贷方金额	记账 √
附件　　张	合计					

会计主管：　　　　记账：　　　　出纳：　　　　审核：　　　　制证：

记账凭证

2021 年 9 月　　日　　　　　　　　　　　　　　　　记字第　号

摘要	总账科目	明细科目	借方金额	记账 √	贷方金额	记账 √
附件　　张	合计					

会计主管：　　　　记账：　　　　出纳：　　　　审核：　　　　制证：

记账凭证

2021 年 9 月　　日　　　　　　　　　　　　　　　　　　　记字第　　号

摘要	总账科目	明细科目	借方金额	记账 √	贷方金额	记账 √
附件　　张		合计				

会计主管：　　　　记账：　　　　出纳：　　　　审核：　　　　制证：

记账凭证

2021 年 9 月　　日　　　　　　　　　　　　　　　　　　　记字第　　号

摘要	总账科目	明细科目	借方金额	记账 √	贷方金额	记账 √
附件　　张		合计				

会计主管：　　　　记账：　　　　出纳：　　　　审核：　　　　制证：

记账凭证

2021 年 9 月　　日　　　　　　　　　　　　　　　　　　　记字第　　号

摘要	总账科目	明细科目	借方金额	记账 √	贷方金额	记账 √
附件　　张		合计				

会计主管：　　　　记账：　　　　出纳：　　　　审核：　　　　制证：

记账凭证

2021 年 9 月　　日　　　　　　　　　　　　　　　　　　记字第　号

摘要	总账科目	明细科目	借方金额	记账 √	贷方金额	记账 √
附件　　张		合计				

会计主管：　　　　记账：　　　　出纳：　　　　审核：　　　　制证：

发生额及余额试算平衡表

2021 年 9 月 30 日

账户名称	期初余额		本期发生额		期末余额	
	借方	贷方	借方	贷方	借方	贷方
库存现金						
银行存款						
应收票据						
应收账款						
预付账款						
其他应收款						
在途物资						
原材料						
库存商品						
制造费用						
生产成本						
固定资产						
累计折旧						
应付票据						
应付账款						
应付职工薪酬						
应交税费						
实收资本						

续表

账户名称	期初余额		本期发生额		期末余额	
	借方	贷方	借方	贷方	借方	贷方
盈余公积						
本年利润						
利润分配						
主营业务收入						
主营业务成本						
管理费用						
销售费用						
财务费用						
合计						

四、综合练习题参考答案

（一）名词解释

1. 会计凭证，是记录经济业务、明确经济责任、据以登记账簿的书面证明。

2. 原始凭证是在经济业务发生时取得或填制的，记录经济业务发生或完成情况，明确经济责任的书面证明。

3. 外来原始凭证，是指经济业务发生时，从其他单位或个人直接取得的原始凭证。

4. 记账凭证是会计人员根据审核后的原始凭证，按照经济业务的内容加以归类，据以确定经济业务应记入的账户名称以及应借、应贷的金额等所填制的凭证。

5. 账簿，是指以会计凭证为依据，用来连续、全面、系统、分类地记录和反映企事业单位经济业务的会计簿记，由一定格式且相互联系的账页所组成，是记录会计信息的载体。

6. 分类账簿，是指对全部经济业务按照总分类账户和明细分类账户进行分类登记的账簿。

7. 结账，是在把一定时期内发生的全部经济业务登记入账的基础上，计算并记录本期发生额和期末余额，并将余额结转下期或新的账簿的过程。

8. 专用记账凭证是用来专门记录某一类经济业务的记账凭证。专用记账凭证按所记录的经济业务是否与现金和银行存款的收付有关，分为收款凭证、付款凭证和转账凭证三种。

9. 会计凭证的传递，是指会计凭证从取得或填制时起，经过审核、记账、装订到归档时止，在单位内部有关部门和人员之间按规定的时间、路线办理业务手续和进行会计处理的传送过程。

（二）单项选择题

1. B   2. D   3. C   4. A   5. A   6. B   7. A   8. C   9. A
10. B 11. C 12. C 13. B 14. B 15. B 16. A 17. C 18. D
19. A 20. D

（三）多项选择题

1. ABC   2. AC   3. ABCD   4. BCD   5. BD
6. AC   7. CD   8. BC   9. BCD   10. ABCD
11. AC   12. CD   13. ABCD   14. ABD   15. ABC

（四）判断题

1. ×   2. ×   3. ×   4. ×   5. √   6. ×   7. ×   8. √
9. ×   10. × 11. × 12. √ 13. × 14. × 15. ×

（五）业务计算题

1. 通用记账凭证的编制：

(1)

记账凭证

2021年6月1日   记字第1号

摘要	总账科目	明细科目	借方金额 千百十万千百十元角分	记账√	贷方金额 千百十万千百十元角分	记账√
收到投入资本	银行存款		4 0 0 0 0 0 0 0			
	实收资本	张杰			4 0 0 0 0 0 0 0	
附件2张	合计		¥ 4 0 0 0 0 0 0 0		¥ 4 0 0 0 0 0 0 0	

会计主管：   记账：   出纳：   审核：   制证：

(2)

记账凭证

2021 年 6 月 3 日　　　　　记字第 2 号

摘要	总账科目	明细科目	借方金额 千百十万千百十元角分	记账√	贷方金额 千百十万千百十元角分	记账√
收到西峰公司欠款	银行存款		2 3 6 0 0 0 0 0			
	应收账款	西峰公司			2 3 6 0 0 0 0 0	
附件1张	合计		￥2 3 6 0 0 0 0 0		￥2 3 6 0 0 0 0 0	

会计主管：　　　记账：　　　出纳：　　　审核：　　　制证：

(3)

记账凭证

2021 年 6 月 4 日　　　　　记字第 3 号

摘要	总账科目	明细科目	借方金额 千百十万千百十元角分	记账√	贷方金额 千百十万千百十元角分	记账√
购入原材料并入库	原材料		1 2 0 0 0 0 0			
	应交税费	应交增值税（进项税额）	1 5 6 0 0 0			
	应付账款	思达公司			1 3 5 6 0 0 0 0	
附件3张	合计		￥1 3 5 6 0 0 0 0		￥1 3 5 6 0 0 0 0	

会计主管：　　　记账：　　　出纳：　　　审核：　　　制证：

(4)

记账凭证

2021 年 6 月 9 日　　　　　记字第 4 号

摘要	总账科目	明细科目	借方金额 千百十万千百十元角分	记账√	贷方金额 千百十万千百十元角分	记账√
提取备用金	库存现金		5 0 0 0 0 0			
	银行存款				5 0 0 0 0 0	
附件2张	合计		￥　5 0 0 0 0 0		￥　5 0 0 0 0 0	

会计主管：　　　记账：　　　出纳：　　　审核：　　　制证：

(5)

记账凭证

2021 年 6 月 15 日　　　　　　　　　　　　　　　记字第 5 号

摘要	总账科目	明细科目	借方金额									记账√	贷方金额									记账√
			千	百	十	万	千	百	十	元	角	分		千	百	十	万	千	百	十	元	角	分	
支付职工工资	应付职工薪酬				8	5	1	3	2	0	0												
	银行存款															8	5	1	3	2	0	0	
附件 3 张	合计		¥		8	5	1	3	2	0	0			¥		8	5	1	3	2	0	0	

会计主管：　　　　记账：　　　　出纳：　　　　审核：　　　　制证：

2.

(1)

转账凭证

2021 年 6 月 2 日　　　　　　　　　　　　　　　转字第 1 号

摘要	总账科目	明细科目	借方金额									记账√	贷方金额									记账√
			千	百	十	万	千	百	十	元	角	分		千	百	十	万	千	百	十	元	角	分	
购入设备	固定资产				1	4	0	0	0	0	0												
	应交税费	应交增值税（进项税额）				1	8	2	0	0	0												
	应付账款	万山公司													1	5	8	2	0	0	0	0	
附件 5 张	合计		¥		1	5	8	2	0	0	0			¥		1	5	8	2	0	0	0	

会计主管：　　　　记账：　　　　出纳：　　　　审核：　　　　制证：

(2)

付款凭证

贷方科目：库存现金　　　2021 年 6 月 6 日　　　　付字第 1 号

摘要	总账科目	明细科目	金额									记账√
			千	百	十	万	千	百	十	元	角	分	
现金送存银行	银行存款					6	0	0	0	0	0	0	
附件 1 张	合计			¥		6	0	0	0	0	0	0	

会计主管：　　　　记账：　　　　出纳：　　　　审核：　　　　制证：

(3)

付款凭证

贷方科目：银行存款　　　　　　2021年6月8日　　　　　　付字第2号

摘要	总账科目	明细科目	金额									记账√
			千	百	十	万	千	百	十	元	角	分	
偿还前欠贷款	应付账款	安迪公司				8	0	0	0	0	0	0	
附件1张		合计				¥8	0	0	0	0	0	0	

会计主管：　　　　记账：　　　　出纳：　　　　审核：　　　　制证：

(4)

收款凭证

借方科目：银行存款　　　　　　2021年6月11日　　　　　　收字第1号

摘要	总账科目	明细科目	金额									记账√
			千	百	十	万	千	百	十	元	角	分	
收回欠款	应收账款	华达公司				4	8	0	0	0	0	0	
附件1张		合计				¥4	8	0	0	0	0	0	

会计主管：　　　　记账：　　　　出纳：　　　　审核：　　　　制证：

(5)

收款凭证

借方科目：银行存款　　　　　　2021年6月17日　　　　　　收字第2号

摘要	总账科目	明细科目	金额									记账√
			千	百	十	万	千	百	十	元	角	分	
销售A商品	主营业务收入					7	0	0	0	0	0	0	
	应交税费	应交增值税（销项税额）					9	1	0	0	0	0	
附件2张		合计				¥7	9	1	0	0	0	0	

会计主管：　　　　记账：　　　　出纳：　　　　审核：　　　　制证：

3. （1）编制会计分录：

①借：应交税费 2 000
　　贷：银行存款 2 000

②借：原材料 100 000
　　　应交税费——应交增值税（进项税额） 13 000
　　贷：银行存款 113 000

③借：库存现金 10 000
　　贷：银行存款 10 000

④借：应付职工薪酬 200 000
　　贷：银行存款 200 000

⑤借：销售费用 5 000
　　贷：银行存款 5 000

⑥借：银行存款 452 000
　　贷：主营业务收入 400 000
　　　　应交税费——应交增值税（销项税额） 5 200

⑦借：银行存款 100 000
　　贷：短期借款 100 000

⑧借：银行存款 50 000
　　贷：应收账款 50 000

（2） 银行存款日记账

××年		凭证编号	摘要	借方	贷方	余额
月	日					
			期初余额			450 000.00
6	略	略	缴纳上月税费		2 000.00	448 000.00
			购入原材料		113 000.00	335 000.00
			提取备用金		10 000.00	325 000.00
			委托银行代发工资		200 000.00	125 000.00
			支付本月广告费		5 000.00	120 000.00
			销售商品	452 000.00		572 000.00
			取得短期借款	100 000.00		672 000.00
			收回前欠货款	50 000.00		722 000.00
			本月合计	602 000.00	330 000.00	722 000.00

4.（1）划线更正法。用红字将 200 划掉，划掉后数字仍清晰可辨，在其上方用蓝字写上 2 000，在旁边由更正人员签章。

（2）红字更正法：

借：管理费用 $\boxed{5\,000}$
　　贷：库存现金 $\boxed{5\,000}$

正确的会计分录：

借：管理费用　　　　　　　　　　　　　　　　　5 000
　　贷：银行存款　　　　　　　　　　　　　　　　　　5 000
（3）补充登记法：
借：银行存款　　　　　　　　　　　　　　　　　18 000
　　贷：应收账款　　　　　　　　　　　　　　　　　　18 000
（4）红字更正法：
借：管理费用　　　　　　　　　　　　　　　　　4 000
　　贷：累计折旧　　　　　　　　　　　　　　　　　　4 000
借：制造费用　　　　　　　　　　　　　　　　　4 000
　　贷：累计折旧　　　　　　　　　　　　　　　　　　4 000
（5）红字更正法：
借：应付账款　　　　　　　　　　　　　　　　　27 000
　　贷：银行存款　　　　　　　　　　　　　　　　　　27 000

（六）案例分析题

1. 在"真账假做"的案例中，企业把应该计入"应交税费——应交增值税（销项税额）"的金额也计入收入中，是为了少交税；在"假账真做"的案例中，企业确认营业收入的同时，就会对应的确认"应交税费——应交增值税（销项税额）"，所以付出的代价就是要多交税。

2. 案例提示：不正确。因为原始凭证金额出现错误的，应当由出具单位重开，不得在原始凭证上更正。

（七）综合实训题

（1）
业务1

记账凭证

2021年9月1日　　　　　　　　　　　　　　　　　　　　　　　　记字第1号

摘要	总账科目	明细科目	借方金额	记账√	贷方金额	记账√
销售产品一批，已收款	银行存款	工行	1 808 000.00			
	主营业务收入	锌合金锁			850 000.00	
		钢锁			750 000.00	
	应交税费	应交增值税(销项税额)			208 000.00	
附件2张		合计	¥1 808 000.00		¥1 808 000.00	

会计主管：　　　　记账：　　　　出纳：　　　　审核：　　　　制证：

(2)

业务2

记账凭证

2021年9月2日　　　　　　　　　　　　　　　　　　　　记字第2号

摘要	总账科目	明细科目	借方金额	记账√	贷方金额	记账√
胶管验收入库	原材料	辅助材料（胶管）	52 500.00			
	在途物资	胶管			52 500.00	
附件1张		合计	¥52 500.00		¥52 500.00	

会计主管：　　　记账：　　　出纳：　　　审核：　　　制证：

(3)

业务3

记账凭证

2021年9月3日　　　　　　　　　　　　　　　　　　　　记字第3号

摘要	总账科目	明细科目	借方金额	记账√	贷方金额	记账√
支付广交会摊位费	销售费用	宣传费	3 000.00			
	银行存款	工行			3 000.00	
附件2张		合计	¥3 000.00		¥3 000.00	

会计主管：　　　记账：　　　出纳：　　　审核：　　　制证：

(4)

业务4

记账凭证

2021年9月3日　　　　　　　　　　　　　　　　　　　　记字第4号

摘要	总账科目	明细科目	借方金额	记账√	贷方金额	记账√
收到顺德摩配件公司欠款	银行存款	工行	1 368 900.00			
	应收账款	顺德摩配件公司			1 368 900.00	
附件1张		合计	¥1 368 900.00		¥1 368 900.00	

会计主管：　　　记账：　　　出纳：　　　审核：　　　制证：

（5）
业务 5

记账凭证
2021 年 9 月 6 日　　　　　　　　　　　　　　　　　　　记字第 5 号

摘要	总账科目	明细科目	借方金额	记账 √	贷方金额	记账 √
购入材料入库	原材料	主要材料（铜材）	200 000.00			
		主要材料（钢材）	25 000.00			
		主要材料（不锈钢）	105 000.00			
		主要材料（锌合金）	300 000.00			
		主要材料（铁材）	80 000.00			
	应交税费	应交增值税（进项税额）	92 300.00			
	银行存款	工行			802 300.00	
附件 3 张		合计	¥802 300.00		¥802 300.00	

会计主管：　　　　记账：　　　　出纳：　　　　审核：　　　　制证：

（6）
业务 6

记账凭证
2021 年 9 月 6 日　　　　　　　　　　　　　　　　　　　记字第 6 号

摘要	总账科目	明细科目	借方金额	记账 √	贷方金额	记账 √
采购科岳德军出差预借差旅费	其他应收款	采购科（岳德军）	1 500.00			
	库存现金				1 500.00	
附件 1 张		合计	¥1 500.00		¥1 500.00	

会计主管：　　　　记账：　　　　出纳：　　　　审核：　　　　制证：

（7）
业务 7

记账凭证
2021 年 9 月 8 日　　　　　　　　　　　　　　　　　　　记字第 7 号

摘要	总账科目	明细科目	借方金额	记账 √	贷方金额	记账 √
办公室购买墨盒三个	管理费用	办公费	300.00			
	应交税费	应交增值税（进项税额）	39.00			
	库存现金				339.00	
附件 1 张		合计	¥339.00		¥339.00	

会计主管：　　　　记账：　　　　出纳：　　　　审核：　　　　制证：

(8)

业务8

记账凭证

2021年9月10日　　　　　　　　　　　　　　　　　　记字第8号

摘要	总账科目	明细科目	借方金额	记账√	贷方金额	记账√
办公室购买复印纸	管理费用	办公费	200.00			
	应交税费	应交增值税（进项税额）	26.00			
	库存现金				226.00	
附件1张		合计	￥226.00		￥226.00	

会计主管：　　　　记账：　　　　出纳：　　　　审核：　　　　制证：

(9)

业务9

记账凭证

2021年9月13日　　　　　　　　　　　　　　　　　　记字第9号

摘要	总账科目	明细科目	借方金额	记账√	贷方金额	记账√
缴纳8月增值税	应交税费	未交增值税	284 010.00			
	银行存款	工行			284 010.10	
附件1张		合计	￥284 010.00		￥284 010.00	

会计主管：　　　　记账：　　　　出纳：　　　　审核：　　　　制证：

(10)

业务10

记账凭证

2021年9月15日　　　　　　　　　　　　　　　　　　记字第10号

摘要	总账科目	明细科目	借方金额	记账√	贷方金额	记账√
银行手续费	财务费用	手续费	100.00			
	银行存款	工行			100.00	
附件1张		合计	￥100.00		￥100.00	

会计主管：　　　　记账：　　　　出纳：　　　　审核：　　　　制证：

(11)
业务 11

记账凭证

2021 年 9 月 15 日　　　　　　　　　　　　　　　　　　　　记字第 11 号

摘要	总账科目	明细科目	借方金额	记账 √	贷方金额	记账 √
缴纳 8 月个人所得税	应交税费	应交个人所得税	6 806.70			
	银行存款	工行			6 806.70	
附件 1 张		合计	￥6 806.70		￥6 806.70	

会计主管：　　　　　记账：　　　　　出纳：　　　　　审核：　　　　　制证：

(12)
业务 12

记账凭证

2021 年 9 月 22 日　　　　　　　　　　　　　　　　　　　　记字第 12 号

摘要	总账科目	明细科目	借方金额	记账 √	贷方金额	记账 √
分配电费	制造费用	水电费	38 400.00			
	管理费用	水电费	7 200.00			
	销售费用	水电费	2 400.00			
	应交税费	应交增值税（进项税额）	6 240.00			
	银行存款	工行			54 240.00	
附件 3 张		合计	￥54 240.00		￥54 240.00	

会计主管：　　　　　记账：　　　　　出纳：　　　　　审核：　　　　　制证：

(13)
业务 13

记账凭证

2021 年 9 月 24 日　　　　　　　　　　　　　　　　　　　　记字第 13 号

摘要	总账科目	明细科目	借方金额	记账 √	贷方金额	记账 √
分配工资费用	生产成本	锌合金锁（直接人工）	149 709.28			
		钢锁（直接人工）	182 978.08			
	制造费用	工资	32 123.96			
	管理费用	工资	64 428.07			
	销售费用	工资	32 107.52			
	应付职工薪酬	工资			461 346.91	
附件 1 张		合计	￥461 346.91		￥461 346.91	

会计主管：　　　　　记账：　　　　　出纳：　　　　　审核：　　　　　制证：

（14）

业务 14

记账凭证

2021 年 9 月 25 日　　　　　　　　　　　　　　　　记字第 14 号

摘要	总账科目	明细科目	借方金额	记账 √	贷方金额	记账 √
分配水费	制造费用	水电费	4 000.00			
	管理费用	水电费	750.00			
	销售费用	水电费	250.00			
	应交税费	应交增值税（进项税额）	450.00			
	银行存款	工行			5 450.00	
附件 3 张		合计	¥5 450.00		¥5 450.00	

会计主管：　　　　记账：　　　　出纳：　　　　审核：　　　　制证：

（15）

业务 15

记账凭证

2021 年 9 月 25 日　　　　　　　　　　　　　　　　记字第 15$\frac{1}{2}$号

摘要	总账科目	明细科目	借方金额	记账 √	贷方金额	记账 √
结转生产产品耗用材料	生产成本	锌合金锁（直接材料）	965 560.00			
		钢锁（直接材料）	584 333.33			
	原材料	主要材料（铜材）			672 000.00	
		主要材料（钢材）			70 560.00	
		主要材料（锌合金）			407 333.33	
		主要材料（铁材）			82 000.00	
附件 3 张		合计				

会计主管：　　　　记账：　　　　出纳：　　　　审核：　　　　制证：

记账凭证

2021 年 9 月 25 日　　　　　　　　　　　　　　　　记字第 15$\frac{2}{2}$号

摘要	总账科目	明细科目	借方金额	记账 √	贷方金额	记账 √
结转生产产品耗用材料	原材料	辅助材料（弹簧）			400 000.00	
		辅助材料（锁利）			26 000.00	
		辅助材料（胶管）			252 000.00	
附件 3 张		合计	¥1 549 893.33		¥1 549 893.33	

会计主管：　　　　记账：　　　　出纳：　　　　审核：　　　　制证：

（16）

业务 16

记账凭证

2021 年 9 月 25 日　　　　　　　　　　　　　　　　　　　　记字第 16 号

摘要	总账科目	明细科目	借方金额	记账 √	贷方金额	记账 √
计提折旧	制造费用	折旧	22 166.67			
	管理费用	折旧	12 825.00			
	销售费用	折旧	2 216.67			
	累计折旧				37 208.33	
附件 1 张		合计	￥37 208.33		￥37 208.33	

会计主管：　　　　记账：　　　　出纳：　　　　审核：　　　　制证：

（17）

业务 17

制造费用分配表

2021 年 9 月

项目	定额工时	分配率	分配金额
锌合金锁	4 800	10.40	49 904.84
钢锁	4 500	10.40	46 785.79
合计	9 300		96 690.63

记账凭证

2021 年 9 月 28 日　　　　　　　　　　　　　　　　　　　　记字第 17 号

摘要	总账科目	明细科目	借方金额	记账 √	贷方金额	记账 √
分配制造费用	生产成本	锌合金锁（制造费用）	49 904.84			
		钢锁（制造费用）	46 785.79			
	制造费用				96 690.63	
附件 1 张		合计	￥96 690.63		￥96 690.63	

会计主管：　　　　记账：　　　　出纳：　　　　审核：　　　　制证：

(18)
业务 18

产品成本计算表
2021 年 9 月

产品名称：锌合金锁				
项目	直接材料	直接人工	制造费用	合计
月初在产品	55 000.00	4 000.00	1 800.00	60 300.00
本月生产费用	965 560.00	149 709.28	49 904.84	1 165 174.12
月末在产品	66 000.00	5 000.00	2 100.00	73 100.00
完工产品总成本	954 560.00	148 709.28	49 604.84	1 152 874.12
完工产品数量（把）	25 000			
单位成本	38.18	5.95	1.98	45.11

产品成本计算表
2021 年 9 月

产品名称：钢锁				
项目	直接材料	直接人工	制造费用	合计
月初在产品	40 000.00	3 200.00	1 900.00	45 100.00
本月生产费用	584 333.33	182 978.08	46 785.79	814 097.20
月末在产品	49 000.00	4 000.00	2 000.00	55 000.00
完工产品总成本	575 333.33	182 178.08	46 685.79	804 197.20
完工产品数量（把）	30 000			
单位成本	19.18	6.07	1.56	26.81

入库单
2021 年 9 月

收货部门：产成品仓库

产品名称	单位	数量	成本总额
锌合金锁	把	25 000	1 152 874.12
钢锁	把	30 000	804 197.20

记账凭证
2021 年 9 月 28 日   记字第 18 $\frac{1}{2}$ 号

摘要	总账科目	明细科目	借方金额	记账 √	贷方金额	记账 √
结转完工产品	库存商品	锌合金锁	1 152 874.12			
		钢锁	804 197.20			
	生产成本	锌合金锁（直接材料）			954 560.00	
		锌合金锁（直接人工）			148 709.28	
		锌合金锁（制造费用）			49 604.84	
		钢锁（直接材料）			575 333.33	
附件 3 张		合计				

会计主管：　　　记账：　　　出纳：　　　审核：　　　制证：

记账凭证

2021 年 9 月 28 日　　　　　　　　　　　　　　　　　　　　记字第 18 $\frac{2}{2}$ 号

摘要	总账科目	明细科目	借方金额	记账 √	贷方金额	记账 √
结转完工产品成本	生产成本	钢锁（直接人工）			182 178.08	
		钢锁（制造费用）			46 685.79	
附件 3 张		合计	¥1 957 071.32		¥1 957 071.32	

会计主管：　　　　记账：　　　　出纳：　　　　审核：　　　　制证：

(19)
业务 19

产品收发汇总表

2021 年 9 月

产品名称	期初库存		本期完工入库		加权平均单价	本期发出		
	数量	金额	数量	金额		用途	数量	金额
锌合金锁	20 000	760 000.00	25 000	1 152 874.12	42.51	销售	10 000	425 083.14
钢锁	20 000	480 000.00	30 000	804 197.20	25.68	销售	10 000	256 839.44
合计		1 240 000.00		1 957 071.32				681 922.58

记账凭证

2021 年 9 月 28 日　　　　　　　　　　　　　　　　　　　　记字第 19 号

摘要	总账科目	明细科目	借方金额	记账 √	贷方金额	记账 √
结转销售成本	主营业务成本	锌合金锁	425 083.14			
		钢锁	256 839.44			
	库存商品	锌合金锁			425 083.14	
		钢锁			256 839.44	
附件 1 张		合计	¥681 922.58		¥681 922.58	

会计主管：　　　　记账：　　　　出纳：　　　　审核：　　　　制证：

(20)
业务20

损益类账户发生额汇总表
2021年9月

账户名称	本期发生额
主营业务收入	1 600 000.00
主营业务成本	681 922.58
销售费用	39 974.19
管理费用	85 703.07
财务费用	100.00

记账凭证
2021年9月30日　　　　　　　　　　　　　　记字第20号

摘要	总账科目	明细科目	借方金额	记账√	贷方金额	记账√
结转本期收入	主营业务收入		1 600 000.00			
	本年利润				1 600 000.00	
附件1张	合计		¥1 600 000.00		¥1 600 000.00	

会计主管：　　记账：　　出纳：　　审核：　　制证：

记账凭证
2021年9月30日　　　　　　　　　　　　　　记字第21号

摘要	总账科目	明细科目	借方金额	记账√	贷方金额	记账√
结转本期费用	本年利润		807 699.83			
	主营业务成本				681 922.58	
	管理费用				85 703.07	
	销售费用				39 974.19	
	财务费用				100.00	
附件1张	合计		¥807 699.83		¥807 699.83	

会计主管：　　记账：　　出纳：　　审核：　　制证：

发生额及余额试算平衡表
2021 年 9 月 30 日

账户名称	期初余额		本期发生额		期末余额	
	借方	贷方	借方	贷方	借方	贷方
库存现金	3 390.40			2 065.00	1 325.40	
银行存款	704 573.21		3 176 900.00	1 155 906.70	2 725 566.51	
应收票据	507 000.00				507 000.00	
应收账款	1 488 900.00			1 368 900.00	120 000.00	
预付账款	100 000.00				100 000.00	
其他应收款	2 000.00		1 500.00		3 500.00	
在途物资	52 500.00			52 500.00		
原材料	2 944 000.00		762 500.00	1 549 893.33	2 156 606.67	
库存商品	1 240 000.00		1 957 071.32	681 922.58	2 515 148.74	
制造费用			96 690.63	96 690.63		
生产成本	105 900.00		1 979 271.32	1 957 071.32	128 100.00	
固定资产	6 000 000.00				6 000 000.00	
累计折旧		1 680 252.33		37 208.33		1 717 460.66
应付票据		671 463.00				671 463.00
应付账款		74 763.00				74 763.00
应付职工薪酬		348 781.56		461 346.91		810 128.47
应交税费		284 010.00	389 871.70	208 000.00		102 138.30
实收资本		7 000 000.00				7 000 000.00
盈余公积		671 683.79				671 683.79
本年利润		136 509.93	807 699.83	1 600 000.00		928 810.10
利润分配		2 280 800.00				2 280 800.00
主营业务收入			1 600 000.00	1 600 000.00		
主营业务成本			681 922.58	681 922.58		
管理费用			85 703.07	85 703.07		
销售费用			39 974.19	39 974.19		
财务费用			100.00	100.00		
合计	13 148 263.61	13 148 263.61	11 579 204.64	11 579 204.64	14 257 247.32	14 257 247.32

第六章 财产清查

一、学习目的与要求

财产清查是会计核算的一种专门方法。通过本章学习,认识财产清查的意义和种类;了解财产清查的一般方法;掌握存货的盘存制度及各种财产物资的清查方法;掌握财产清查结果的账务处理方法。

二、本章思考题

1. 什么是财产清查?为什么要进行财产清查?
2. 全面清查应在哪几种情况下进行?
3. 发现未达账项如何处理?如何编制"银行存款余额调节表"?
4. 如何进行财产清查?财产清查的一般程序是什么?
5. 造成账实不符的原因主要有哪些?
6. 永续盘存制和实地盘存制有什么不同?它们各自的优缺点是什么?
7. 财产清查时应填制哪些原始凭证?它们有什么作用?
8. 财产清查结果的核算应设置什么账户?如何进行账务处理?

三、综合练习题

(一)名词解释

1. 财产清查
2. 全面清查
3. 局部清查
4. 定期清查
5. 内部清查
6. 永续盘存制

7. 实地盘存制
8. 未达账项

（二）单项选择题

1. 技术推算盘点法通常用于（　　）的盘点。

   A. 固定资产

   B. 流动资产

   C. 库存现金

   D. 大量成堆，难以逐一清点的材料

2. 库存材料发生非常损失，报经批准转账后，应记入（　　）账户。

   A. 营业外支出　　　　　　　　B. 管理费用

   C. 本年利润　　　　　　　　　D. 其他业务成本

3. 对库存现金进行清查时，一般应采用（　　）。

   A. 账面清查　　B. 实地盘点　　C. 账账核对　　D. 账证核对

4. 以下情况中，宜采用局部清查的是（　　）。

   A. 年终决算前进行的清查

   B. 企业清产核资

   C. 企业更换财产经管人员时

   D. 企业改为股份制试点企业进行的清查

5. 财产清查结果，经查明是因管理不善造成毁损材料，应在（　　）账户列支。

   A. 制造费用　　B. 管理费用　　C. 营业外支出　　D. 生产成本

6. "待处理财产损溢"账户的借方登记（　　）。

   A. 企业盘盈的财产数额以及报经批准后转销的盘亏数额

   B. 企业盘亏的财产数额以及报经批准后转销的盘盈数额

   C. 企业盘盈、盘亏的财产数额

   D. 报经批准后转销的盘盈、盘亏数额

7. 下列各项中，会导致企业银行存款日记账余额小于银行对账单余额的是（　　）。

   A. 企业开具支票，对方已到银行兑现

   B. 企业收到购货方转账支票一张，送存银行，银行尚未入账

   C. 银行代收货款，企业尚未收到收款通知

   D. 银行误将其他公司的支出款项从本企业银行存款账户划走

8. 企业银行日记账与其银行存款对账单进行核对时，可编制"银行存款余额调节表"，在双方记账都没有错误的前提下，调整后的存款余额（　　）。

   A. 应该不等　　　　　　　　　B. 应该相等

   C. 应该企业小于银行　　　　　D. 应该企业大于银行

9. 对于企业长期无法支付的应付款项,经批准应列入（　　）账户。
   A. 冲减管理费用　　　　　　　　B. 主营业务收入
   C. 冲减营业费用　　　　　　　　D. 营业外收入
10. 对于企业确定无法收回的应收款项,企业通常采用备抵法进行会计处理,冲减（　　）账户。
   A. 管理费用　　B. 坏账准备　　C. 营业外支出　　D. 投资收益
11. 对实物资产进行盘点时,（　　）必须在场。
   A. 单位领导　　　　　　　　　　B. 记账人员
   C. 会计主管　　　　　　　　　　D. 实物保管员
12. 一般而言,单位撤销、合并时要进行（　　）。
   A. 定期清查　　B. 全面清查　　C. 局部清查　　D. 实地清查
13. 对于现金的清查,应将其结果及时填列（　　）。
   A. 盘存单　　　　　　　　　　　B. 实存账存对比表
   C. 现金盘点报告表　　　　　　　D. 对账单
14. 银行存款清查的方法是（　　）。
   A. 日记账与总分类账户核对　　　B. 日记账与收付款凭证核对
   C. 日记账与对账单核对　　　　　D. 收付款凭证与总分类账户核对
15. 在记账无误的情况下,造成银行对账单和银行存款日记账不一致的原因是（　　）。
   A. 应付账款　　B. 应收账款　　C. 未达账项　　D. 预收账款
16. 账存实存对比表是调整账面记录的（　　）。
   A. 记账凭证　　B. 转账凭证　　C. 原始凭证　　D. 累计凭证
17. 下列项目的清查应采用函证核对法的是（　　）。
   A. 原材料　　B. 应付账款　　C. 实收资本　　D. 库存现金
18. 对于盘亏的固定资产,按规定程序批准后,应按盘亏固定资产净值借记的会计科目是（　　）。
   A. 待处理财产损溢　　　　　　　B. 营业外支出
   C. 累计折旧　　　　　　　　　　D. 固定资产清理
19. "待处理财产损溢"账户年末（　　）。
   A. 余额在借方　　　　　　　　　B. 余额在贷方
   C. 一般无余额　　　　　　　　　D. 可能在借方,也可能在贷方
20. 采用实地盘存制,平时账簿记录能反映（　　）。
   A. 财产物资的增加额　　　　　　B. 财产物资的减少额
   C. 财产物资的增减额　　　　　　D. 财产物资的盘盈数额
21. 对债权债务的清查应采用的方法是（　　）。
   A. 函证核对法　　　　　　　　　B. 实地盘点法
   C. 技术推算盘点法　　　　　　　D. 抽样盘存法
22. 永续盘存制的优点是（　　）。

A. 简化了存货的日常核算工作　　　　B. 有利于加强存货的日常管理
C. 省去记录存货发出的经济业务　　　D. 减少了存货明细账记录工作

23. "待处理财产损溢"账户是用来反映和监督企业在财产清查中查明的各种财产物资的盘盈、盘亏和毁损及其处理情况，但（　　）情况除外。

A. 盘盈的固定资产　　　　　　　　　B. 盘亏的固定资产
C. 盘盈的存货　　　　　　　　　　　D. 盘亏的存货

24. 在库存现金清查中，查不出原因的长款，批准后应计入（　　）。
A. 管理费用　　B. 其他应付款　　C. 营业外收入　　D. 财务费用

25. 对于应由责任人赔偿的现金短款，在未收到现金之前应先计入（　　）。
A. 营业外支出　　B. 财务费用　　C. 其他应收款　　D. 管理费用

（三）多项选择题

1. 与"待处理财产损溢"账户借方可能发生对应关系的账户有（　　）。
A. 库存商品　　　　　　　　　　　　B. 固定资产
C. 管理费用　　　　　　　　　　　　D. 营业外收入

2. 库存现金盘点的账务处理中可能涉及的科目有（　　）。
A. 库存现金　　　　　　　　　　　　B. 管理费用
C. 其他应收款　　　　　　　　　　　D. 营业外收入

3. 以下关于"实存账存对比表"表述正确的有（　　）。
A. 是确定经济责任的重要依据　　　　B. 是会计账簿的重要组成部分
C. 是调整账簿记录的原始凭证　　　　D. 是会计报表之一

4. 对于盘亏的存货，如属自然损耗或某过失人应赔偿的超定额短缺，经批准，应分别列入（　　）账户。
A. 管理费用　　　　　　　　　　　　B. 营业外支出
C. 财产费用　　　　　　　　　　　　D. 其他应收款

5. 对于企业盘亏的固定资产，应按（　　）分别记入"固定资产"和"累计折旧"账户。
A. 重置完全价值　　　　　　　　　　B. 账面原值
C. 估计净值　　　　　　　　　　　　D. 账面已提折旧

6. 企业与银行之间的未达账项，有以下几种情况（　　）。
A. 银行代企业支付的款项，银行已登记入账，企业尚未入账
B. 银行代企业收进的款项，银行已登记入账，企业尚未入账
C. 企业支付的款项，企业已登记入账，银行尚未入账
D. 外单位支付给本企业的款项，企业与银行均尚未入账

7. 往来款项清查包括的内容有（　　）。
A. 应收账款的清查　　　　　　　　　B. 应付账款的清查
C. 其他应收款的清查　　　　　　　　D. 预付账款的清查

8. 造成财产物资账面数与实存数不一致的主要原因有（   ）。
   A. 未达账项   B. 收发计量差错
   C. 管理不善   D. 账簿记录差错
9. 下列各种财产损溢，经批准可作"管理费用"处理的有（   ）。
   A. 固定资产丢失   B. 材料自然损耗
   C. 非常损失   D. 存货管理不善造成的损失
10. 财产清查按照清查的时间可分为（   ）。
    A. 全面清查   B. 局部清查
    C. 定期清查   D. 不定期清查
11. 企业进行全面清查主要发生的情况有（   ）。
    A. 年终决算时   B. 清产核资时
    C. 关停并转时   D. 更换现金出纳时
12. 常用的财产物资清查方法包括（   ）。
    A. 实地盘点法   B. 技术推算法
    C. 函证核对法   D. 抽样盘点法
13. 采用实地盘点法进行清查的项目有（   ）。
    A. 固定资产   B. 产成品   C. 银行存款   D. 库存现金
14. 下列情况需要进行不定期清查的有（   ）。
    A. 更换仓库保管员   B. 发生意外损失
    C. 年终结算时   D. 现金出纳每日下班时
15. 函证核对法适用于（   ）。
    A. 固定资产的清查   B. 预付账款的清查
    C. 银行存款的清查   D. 短期借款的清查
16. 编制银行存款余额调节表时，计算调节后的余额应以企业银行存款日记账余额（   ）。
    A. 减银行代企业支付的款项，银行已登记入账，企业尚未入账
    B. 加银行代企业收进的款项，银行已登记入账，企业尚未入账
    C. 减企业支付的款项，企业已登记入账，银行尚未入账
    D. 加企业存入银行的款项，企业已登记入账，但银行尚未入账
17. 永续盘存制的优点有（   ）。
    A. 便于对存货进行管理控制
    B. 减少了登记明细账的工作量
    C. 可及时掌握存货收发结存情况
    D. 便于加强存货管理，保证存货的安全完整
18. 对于盘亏的财产物资，经批准后进行会计处理，可能涉及的借方账户有（   ）。
    A. 管理费用   B. 营业外支出
    C. 营业外收入   D. 其他应收款

19. 下列各项中关于企业现金溢余的会计处理正确的有（   ）。
   A. 无法查明原因的现金溢余计入营业外收入
   B. 应支付给有关单位的现金溢余应计入其他应付款
   C. 无法查明原因的现金溢余冲减管理费用
   D. 应支付有关单位的现金溢余计入应付账款
20. 下列可用作原始凭证，调整账簿记录的有（   ）。
   A. 账存实存对比表   B. 未达账项登记表
   C. 现金盘点报告表   D. 银行存款余额调节表

（四）判断题

1. "银行存款余额调节表"是企业发现存款账实不符时进行会计核算的原始凭证。（   ）
2. 对企业存货进行清查后，根据清查结果要编制"账存实存对比表"。（   ）
3. 清查出账实不符的财产物资，虽然还未经批准，但通过有关会计账务处理，已能达到账实相符。（   ）
4. 对盘盈的存货，应于批准后计入营业外支出。（   ）
5. 对盘亏存货的净损失，属于一般经营损失部分经批准应计入管理费用。（   ）
6. 企业每年年末对财产进行的盘点，从时间上属定期盘点，从范围上属局部盘点。（   ）
7. 现金和银行存款的清查均应采用实地盘点法进行。（   ）
8. 对于应由保险公司赔偿的盘亏财产数额，在没有收到之前应记入"其他应收款"。（   ）
9. 定期盘点是根据管理上的需要对一部分存货所进行的盘点。（   ）
10. 盘盈、盘亏的库存现金应通过"其他应付款"和"其他应收款"账户进行核算。（   ）
11. 会计部门要在财产清查之前将所有的经济业务登记入账并结出余额，做到账账相符、账证相符，为财产清查提供可靠的依据。（   ）
12. 对在银行存款清查时出现的未达账项，可编制银行存款调节表来调整，该表是调节账面余额的原始凭证。（   ）
13. 未达账项是指企业与银行双方记账时间不一致而发生的一方已经入账，而另一方因尚未收到有关凭证而未登记入账的款项。（   ）
14. 实地盘存制是指平时只根据会计凭证在明细账中登记各项财产物资增加的数量和金额，不登记减少数，期末将通过实地盘点确定的数量作为账面结存数量，然后再倒推算出本期各项财产物资减少数的一种盘存制度。（   ）
15. 为了反映和监督企业在财产清查中查明的各种财产物资的盘盈、盘亏和毁损及其处理情况，应设置"待处理财产损溢"账户，该账户是一个负债类账户。
（　　）
16. 银行存款账实不符一定是因为未达账项。（　　）
17. 自然损耗引起的存货盘亏，经批准计入营业外支出。（　　）
18. 企业可以根据银行对账单上列示的未达账项直接进行银行存款日记账余额调整。（　　）
19. 采用永续盘存制的企业，平时可以及时了解存货的结存情况，所以期末不需要进行财产清查。（　　）
20. 编制银行存款余额调节表，银行对账单余额应减去企业已收银行未收。
（　　）

（五）综合业务题

1. 【目的】练习银行存款的清查，编制银行存款余额调节表。

【资料】假设 11 月 30 日圣达菲公司银行存款账面余额为 196 917 元，银行对账单余额为 193 487 元。经过逐项核对，发现双方不符的原因有：

（1）11 月 15 日，银行将圣达菲公司存入的货款（支票#584）15 000 元，误记入新华公司账户。

（2）11 月 25 日，圣达菲公司向银行托收的中通公司货款 82 400 元，银行已经收款入账，但圣达菲公司因未收到银行的收款通知而未入账。

（3）11 月 26 日，因员工借支差旅费，圣达菲公司开出#593 支票 6 000 元，并已入账，但持票人未到银行取款，银行未入账。

（4）11 月 26 日，圣达菲公司收到立友公司货款 63 070 元的转账支票一张，送交银行，根据回单已入账，但银行尚未入账。

（5）11 月 27 日，圣达菲公司通过银行支付本月水电费 15 842 元，误记为 15 482 元。

（6）11 月 30 日，银行从圣达菲公司存款中扣除借款利息费用 13 400 元，但是公司没有收到有关凭证而未入账。

【要求】

（1）根据以上资料，计算圣达菲公司银行存款日记账的正确余额和银行存款对账单的正确余额。

（2）编制 11 月的银行存款余额调节表。

2. 【目的】练习存货盘点盈亏的会计处理。

【资料】6月某企业存货盘点情况如下：

（1）盘亏甲材料200千克，单位成本50元。

（2）盘盈A库存商品10件，同类商品单位成本为30元。

（3）盘亏B库存商品30千克，单位成本15元。

（4）企业发生水灾造成乙材料损毁400千克，单位成本25元。

上述盘盈盘亏已查明，报经批准作如下处理：

（1）盘亏甲材料200千克，其中，50千克为保管人员责任，由其赔偿，其余为管理不善造成，计入管理费用。

（2）盘盈的产品成本冲减管理费用。

（3）盘亏的B库存商品全部由保管员赔偿。

（4）毁损的乙材料400千克，其中，50千克可入库作材料用；应由保险公司赔偿6 000元；其余为非常损失。

【要求】根据上列资料编制会计分录。

3. 【目的】练习固定资产盘亏的账务处理。

【资料】某厂6月末进行清查发现下列事项：

（1）盘亏水泵一台，原价5 000元，账面已提折旧3 600元。

（2）不用仓库一幢，原价80 000元，已提折旧60 000元，清查时发现已倒塌。

上述盘亏损失，经查明属实，报请领导批准作以下处理：

水泵和仓库均系因自然灾害招致毁损，作非常损失处理，仓库倒塌收到保险公司赔偿5 000元，存入银行。

【要求】
(1) 针对上述清查结果编制审批前的会计分录。
(2) 根据报请批准后处理结果编制会计分录。

(六) 案例分析题

1.【资料】深圳某公司下设的一个营业部的财务部门设置了财务经理、会计以及出纳三个岗位,按照内部牵制制度的要求对出纳的工作进行了以下安排:出纳负责保管现金、登记现金及银行存款日记账,每月月初到开户银行取回银行对账单。财务经理将银行对账单与银行存款日记账核对后编制银行存款余额调节表。2002年8月,由于营业部总经理调离,新总经理对营业部情况不熟悉,很多事务需要财务经理协助处理,财务经理因工作繁忙便没有核对8月的银行对账单,也未编制银行存款余额调节表。营业部出纳朱某见财务经理8月未核对银行对账单,便从9月开始挪用营业部资金。12月初,财务经理要其将银行对账单拿来核对,以便编制银行存款余额调节表。朱某见事情败露,便于当晚潜逃。第二天财务经理发现银行对账单与银行存款日记账不符,便向总公司汇报,经过仔细检查,发现朱某从9月挪用第一笔资金开始,3个月时间累计挪用人民币90万元。该事件发生后,营业部一方面向公安机关报案;另一方面与朱某的家人联系,很快将其抓获归案。在审判过程中,因朱某父母赔偿了营业部全部资金损失,朱某被从轻判处2年有期徒刑。

【要求】请思考,企业应如何尽量避免这类的事情发生?

2.【资料】对于一部分农业企业来说，它们在进行存货盘点时就比较麻烦，因为它们的存货是生物资产。生物资产是有生命的个体，与制造业的产品有着截然不同的特性。例如獐子岛集团股份有限公司。獐子岛之所以为大家所熟知，很大一部分原因是它的扇贝会"跑路"。2014年、2018年獐子岛公司两次以"扇贝跑路"事件解释其重大亏损。獐子岛推行的是底播养殖方法，就是在适宜养殖的海域按一定密度投放一定规格的海产品苗种，使之在海底自然生长不断增殖的一种海产品养殖方式。当企业的产品在海底的时候，如何进行存货盘点？獐子岛主要采用科研船上的水下摄像系统进行视频观测，每个抽样点的观测面积为50～240平方米，根据视频观测和计量数量，统计出该区域内的虾夷扇贝数量，再随机取样，将抽样点内的产品捕捞上来，进行个体测量称重；根据捕捞的个体的平均重量以及水下摄像系统观测的计数，计算出抽样区域的存量，再据此测算底播海域同类虾夷扇贝的存量。可想而知，獐子岛进行一次存货盘点包含有巨大的工作量。

就是因为农业企业的存货盘点存在着因客观原因而产生的困难，所以农业企业常常会以此操纵利润来满足企业的需要。2014年10月30日，獐子岛公司对外发布公告称，由于遭受到北黄海几十年一遇的冷水团影响，公司过去几年所播撒的100多万亩虾夷扇贝苗绝收，考虑到这一异常因素，公司预期将发生巨亏。在连续两年出现亏损后，2016年獐子岛公司扭亏为盈，避免了股票被暂停上市。然而2017年，獐子岛海洋牧场再次遭受重大灾害，公司一方面核销存货；另一方面通过计提存货跌价准备，最终将损失63 830.12万元全部计入当年损益，导致獐子岛公司2017年度业绩出现大幅亏损。同年，时任外审机构大华会计师事务所第一次对獐子岛公司出具保留意见的审计报告。2018年2月9日，獐子岛被中国证监会立案调查。2020年6月15日，中国证监会对獐子岛集团股份有限公司和时任董事长等16名责任人员作出《行政处罚决定书》，从以下三个方面对獐子岛公司存在的财务造假问题进行了公告：獐子岛公司内部控制存在重大缺陷，其2016年、2017年连续两年披露虚假年度报告，集中表现为虚减／虚增营业成本、虚减／虚增营业外支出、虚增资产减值损失；獐子岛公司在2017年、2018年披露的关于其消耗性生物资产虾夷扇贝的盘点公告严重失实；獐子岛公司未及时进行信息披露。至此"扇贝跑路"的闹剧基本尘埃落定。

【要求】尽管农业企业在存货清查时有客观原因造成的困难，但也应该至少每年一次进行存货清查。感兴趣的同学可以查阅相关资料，看看农业企业对存货的盘点还有哪些方法。

四、综合练习题参考答案

（一）名词解释

1. 财产清查是指对企业的财产物资进行盘点或核对，查明各项财产的实有数与账面结存数是否相符的一种会计核算专门方法。

2. 全面清查是指对全部财产进行的清查。

3. 局部清查是指根据需要对单位的一部分财产物资进行的清查。

4. 定期清查是指按预先计划安排的时间对财产进行的清查，清查的时间一般是在年末、季末、月末、每日结账时进行。

5. 内部清查是指由企业内部有关人员对本企业的财产所进行的清查。

6. 永续盘存制，又称账面盘存制，它是通过设置存货明细分类账，逐笔连续地登记存货的收入、发出数，并能随时结出账面结存数的一种盘存制度。

7. 实地盘存制，又称以存计销制、以存计耗制，它是通过设置存货明细账，在明细账中，平时只登记存货收入的数量和金额，不登记存货发出数量，期末通过实地盘点，来确定存货期末结存数量，然后倒挤出本期存货发出数量的一种盘存制度。

8. 未达账项是指企业与银行之间，由于结算凭证传递的时间不同，导致双方记账时间不一致，即一方已接到有关结算凭证并已登记入账，而另一方由于尚未收到有关凭证而未登记入账的账项。

（二）单项选择题

1. D   2. A   3. B   4. C   5. B   6. B   7. C   8. B   9. D
10. B   11. D   12. B   13. C   14. C   15. C   16. C   17. B   18. B
19. C   20. A   21. A   22. B   23. A   24. C   25. C

（三）多项选择题

1. ABCD   2. ABCD   3. AC   4. AD   5. BD
6. ABC   7. ABCD   8. ABCD   9. BD   10. CD
11. ABC   12. ABCD   13. ABD   14. AB   15. BCD
16. AB   17. ACD   18. ABD   19. AB   20. AC

（四）判断题

1. ×   2. ×   3. √   4. ×   5. √   6. ×   7. ×   8. √
9. ×   10. ×   11. √   12. ×   13. √   14. √   15. ×   16. ×
17. ×   18. ×   19. ×   20. ×

（五）综合业务题

1. （1）企业银行存款日记账余额 = 196 917 – (15 842 – 15 482) = 196 557（元）

银行对账单余额 = 193 487 + 15 000 = 208 487（元）

（2）

银行存款余额调节表　　　　　　　　　　　　　　　　　　　单位：元

项目	金额	项目	金额
企业银行存款日记账余额	196 557	银行对账单余额	208 487
加：银行已收企业未收	82 400	加：企业已收银行未收	63 070
减：银行已付企业未付	13 400	减：企业已付银行未付	6 000
调节后的余额	265 557	调节后的余额	265 557

2. 批准前会计分录：

①借：待处理财产损溢——待处理流动资产损溢　　10 000
　　贷：原材料——甲材料　　　　　　　　　　　　　　　10 000
②借：库存商品——A产品　　　　　　　　　　　　300
　　贷：待处理财产损溢——待处理流动资产损溢　　　　　300
③借：待处理财产损溢——待处理流动资产损溢　　450
　　贷：库存商品——B产品　　　　　　　　　　　　　　450
④借：待处理财产损溢——待处理流动资产损溢　　10 000
　　贷：原材料——乙材料　　　　　　　　　　　　　　　10 000

批准后会计分录：

①借：其他应收款　　　　　　　　　　　　　　　2 500
　　　管理费用　　　　　　　　　　　　　　　　7 500
　　贷：待处理财产损溢——待处理流动资产损溢　　　　10 000
②借：待处理财产损溢——待处理流动资产损溢　　300
　　贷：管理费用　　　　　　　　　　　　　　　　　　300
③借：其他应收款　　　　　　　　　　　　　　　450
　　贷：待处理财产损溢——待处理流动资产损溢　　　　　450
④借：原材料　　　　　　　　　　　　　　　　　1 250
　　　其他应收款——保险公司　　　　　　　　　6 000
　　　营业外支出　　　　　　　　　　　　　　　2 750
　　贷：待处理财产损溢——待处理流动资产损溢　　　　10 000

3. 批准前会计分录：

①借：待处理财产损溢——待处理固定资产损溢　　1 400
　　　累计折旧　　　　　　　　　　　　　　　　3 600
　　贷：固定资产　　　　　　　　　　　　　　　　　　5 000
②借：待处理财产损溢——待处理固定资产损溢　　20 000
　　　累计折旧　　　　　　　　　　　　　　　　60 000
　　贷：固定资产　　　　　　　　　　　　　　　　　　80 000

批准后会计分录：

①借：营业外支出 1 400
　　贷：待处理财产损溢——待处理固定资产损溢 1 400
②借：营业外支出 15 000
　　银行存款 5 000
　　贷：待处理财产损溢——待处理固定资产损溢 20 000

（六）案例分析题

1. 案例提示：虽然银行对账单是一个很普通的对账凭证，但财务部门不能忽视银行对账单的作用，必须坚持按月由出纳以外的人员核对银行对账单和银行存款日记账，并编制银行存款余额调节表，可以起到预防此类事情发生的作用。

2. 案例提示：（略）

第七章 财务报告

一、学习目的与要求

财务报告是企业会计核算的最终产品。它是企业对外提供的反映企业某一特定日期的财务状况和某一会计期间的经营成果、现金流量等会计信息的文件。通过本章学习要求了解资产负债表、利润表、现金流量表、所有者权益（或股东权益）增减变动表的结构和内容；掌握资产负债表、利润表的编制方法。

二、本章思考题

1. 什么是财务报告？它包括哪些内容？
2. 简述资产负债表的项目分类和排列。
3. 简述利润表的内容。
4. 利润表的格式有哪两种？
5. 简述现金流量的分类和具体内容。
6. 简述财务报表附注的内容和作用。
7. 常见财务报表分析指标有哪些？如何计算？

三、综合练习题

（一）名词解释

1. 财务报告
2. 资产负债表
3. 利润表
4. 财务报表附注
5. 合并财务报表
6. 现金流量表

7. 现金等价物
8. 所有者权益变动表

(二) 单项选择题

1. 反映企业某一特定日期财务状况的报表是（　　）。
   A. 资产负债表　　　　　　　　B. 利润表
   C. 损益表　　　　　　　　　　D. 现金流量表
2. 会计报表是根据（　　）编制的。
   A. 原始凭证　　　　　　　　　B. 记账凭证
   C. 汇总记账凭证　　　　　　　D. 账簿
3. 下列各项对营业利润没有影响的是（　　）。
   A. 投资收益　　　　　　　　　B. 期间费用
   C. 营业外收入　　　　　　　　D. 主营业务成本
4. 下列各项对利润总额没有影响的是（　　）。
   A. 所得税费用　　　　　　　　B. 营业外收入
   C. 营业外支出　　　　　　　　D. 投资收益
5. 下列不属于资产负债表流动资产项目的是（　　）。
   A. 存货　　　B. 应收账款　　　C. 应收票据　　　D. 无形资产
6. （　　）是静态报表。
   A. 资产负债表　　　　　　　　B. 利润表
   C. 现金流量表　　　　　　　　D. 所有者权益变动表
7. "应收账款"明细账如果有贷方余额，应将其列入资产负债表中（　　）项目反映。
   A. 应收账款　　B. 应付账款　　C. 预收款项　　D. 预付款项
8. 资产负债表和利润表同属于（　　）。
   A. 财务状况报表　　　　　　　B. 经营成果报表
   C. 外部会计报表　　　　　　　D. 内部会计报表
9. 资产负债表中，资产项目是按（　　）进行排列的。
   A. 流动性的强弱　　　　　　　B. 金额的大小
   C. 重要性的程度　　　　　　　D. 被耗用的先后顺序
10. 某企业2021年主营业务收入100万元，其他业务收入10万元，投资收益20万元，主营业务成本60万元，其他业务成本8万元，税金及附加7万元，则利润表的营业成本金额应填列（　　）万元。
    A. 110　　　　B. 68　　　　C. 74　　　　D. 94
11. 在编制资产负债表时，下列说法中正确的是（　　）。
    A. 根据有关账户的发生额填列
    B. 根据有关账户的期末余额填列

C. 多数是根据有关账户的发生额填列
D. 多数是根据有关账户的余额填列

12. 资产负债表下列项目中,可以根据总账账户余额直接填列的是（　　）。
    A. 应收账款　　　　B. 存货　　　　C. 货币资金　　　　D. 短期借款

13. 某企业6月末"本年利润"账户为贷方余额50万元,"利润分配"账户为借方余额10万元,在编制6月资产负债表时,"未分配利润"项目应填列的金额为（　　）万元。
    A. 10　　　　　　　B. −10　　　　　C. 60　　　　　　　D. 40

14. 某企业5月末"在途物资"账户余额10 000元,"原材料"账户余额30 000元,"工程物资"账户余额50 000元,"生产成本"账户余额60 000元,"库存商品"账户余额80 000元,在编制5月资产负债表时,"存货"项目的金额应填列（　　）元。
    A. 40 000　　　　　B. 150 000　　　C. 140 000　　　　D. 180 000

15. 下列说法正确的是（　　）。
    A. 汇总报表和合并会计报表的概念是一样的
    B. 资产负债表中的"其他应收款"项目是根据"其他应收款"账户的余额减去计提的坏账准备填列的
    C. "工程物资"账户的余额填列在资产负债表的"存货"项目中
    D. 财务报表项目应当以总额列报,资产和负债、收入和费用不得相互抵销,但会计准则另有规定的除外

16. 以下不属于盈利能力分析的指标是（　　）。
    A. 总资产收益率　　　　　　　　B. 流动比率
    C. 净资产收益率　　　　　　　　D. 主营业务毛利率

17. 以下不属于财务报告构成内容的是（　　）。
    A. 财务报表　　　　　　　　　　B. 会计账簿
    C. 财务报表附注　　　　　　　　D. 财务情况说明书

18. 利润表的"营业收入"项目是根据（　　）填列的。
    A. 主营业务收入和主营业务成本之差
    B. 其他业务收入和其他业务成本之差
    C. 主营业务收入和其他业务收入之和
    D. 主营业务收入、其他业务收入和营业外收入之和

19. 以下属于现金等价物的是（　　）。
    A. 库存现金　　　　　　　　　　B. 随时可以用于支取的银行存款
    C. 3个月内到期的短期债券投资　　D. 准备随时出售的股票投资

20. （　　）属于营运能力分析指标。
    A. 存货周转率　　　　　　　　　B. 速动比率
    C. 流动比率　　　　　　　　　　D. 资产负债率

（三）多项选择题

1. 资产负债表中的"货币资金"项目是根据（   ）账户的期末余额合计填列。
   A. 库存现金   B. 其他应收款
   C. 银行存款   D. 其他货币资金

2. 以下应在资产负债表"存货"项目填列的有（   ）。
   A. 生产成本   B. 在途物资   C. 库存商品   D. 原材料

3. 下列（   ）项目列示在资产负债表的右方。
   A. 流动资产   B. 流动负债
   C. 非流动资产   D. 非流动负债

4. 下列（   ）项目列示在资产负债表的左方。
   A. 货币资金   B. 应交税费   C. 存货   D. 实收资本

5. 下列各项中，应在资产负债表"应付账款"项目填列的有（   ）。
   A. "应付账款"明细科目的借方余额
   B. "应付账款"明细科目的贷方余额
   C. "预付账款"明细科目的借方余额
   D. "预付账款"明细科目的贷方余额

6. 资产负债表的期末数，可以通过（   ）方式取得。
   A. 根据总账余额直接填列
   B. 根据总账余额计算填列
   C. 根据明细账余额计算填列
   D. 根据总账余额和明细账余额分析计算填列

7. 利润表中的营业收入是根据（   ）分析填列。
   A. "投资收益"账户的余额   B. "主营业务收入"账户发生额
   C. "其他业务收入"账户发生额   D. "营业外收入"账户发生额

8. 下列各项经济业务中，对企业营业利润有影响的有（   ）。
   A. 企业出售材料一批   B. 企业收取出租设备的押金
   C. 企业出售产品   D. 企业收到本期出租设备租金

9. 以下（   ）项目属于资产负债表所有者权益的构成部分。
   A. 长期借款   B. 资本公积
   C. 盈余公积   D. 未分配利润

10. 在填列资产负债表"预付款项"项目时，可能会对其填列金额产生影响的有（   ）账户。
    A. 预付账款   B. 应付账款   C. 预收账款   D. 应收账款

11. 利润表中"营业成本"填列的依据有（   ）。
    A. 销售费用   B. 主营业务成本

C. 其他业务成本　　　　　　　　　D. 税金及附加

12. 利润表可以为使用者提供的信息有（　　）。
    A. 实现的营业利润　　　　　　　B. 发生的营业成本
    C. 本期的利润总额　　　　　　　D. 本期的净利润

13. 以下（　　）填列在利润表中的"税金及附加"项目。
    A. 城市维护建设税　　　　　　　B. 教育费附加
    C. 增值税　　　　　　　　　　　D. 印花税

14. 现金流量表是以现金为基础编制的，这里的现金是指（　　）。
    A. 库存现金
    B. 银行存款
    C. 其他货币资金
    D. 自购买之日起3个月内到期的短期债券

15. 企业的现金流量可以分为（　　）。
    A. 经营活动产生的现金流量　　　B. 投资活动产生的现金流量
    C. 筹资活动产生的现金流量　　　D. 借款产生的现金流量

（四）判断题

1. 资产负债表是反映企业某一特定日期财务状况的会计报表。（　　）
2. 利润表是反映企业一定期间经营成果的报表，又称损益表。（　　）
3. 资产负债表中的"应付账款"项目是根据"应付账款"账户所属明细账户的贷方余额直接填列。（　　）
4. 资产负债表是根据有关账户的余额填列，而利润表是根据有关账户的发生额填列。（　　）
5. 我国的资产负债表采用的是账户式。（　　）
6. 资产在资产负债表中的排列方式是按照项目的重要性进行排列的。（　　）
7. 资产负债表是以"资产＝负债＋所有者权益"为基础编制的。（　　）
8. 在我国采用的是单步式利润表。（　　）
9. 现金流量表是静态与动态相结合的报表。（　　）
10. "工程物资"是在资产负债表中的"存货"项目列示。（　　）
11. 经营活动现金流量的列报方法只有直接法。（　　）
12. 所有者权益变动表可以为报表使用者提供所有者权益总量增减变动的信息。（　　）
13. 利润总额除以平均所有者权益得到的指标就是净资产收益率。（　　）
14. 流动比率和速动比率反映的都是企业的短期偿债能力。（　　）
15. 一般认为，有息负债对资本比率的安全警戒线是100%。（　　）

（五）计算分析题

1. 【资料】某企业年底总账明细账余额如下：

单位：元

账户名称	总账余额		明细账余额	
	借方	贷方	借方	贷方
应收账款	20 000			
——A厂			24 000	
——B厂				4 000
应付账款		16 000		
——C厂				18 000
——D厂			2 000	
预收账款		8 600		
——E厂				8 800
——F厂			200	
预付账款	13 000			
——G厂			14 000	
——H厂				1 000

【要求】计算资产负债表应收账款、应付账款、预收款项、预付款项四个项目的填列金额（不考虑坏账准备）。

2. 【资料】某企业年底账户资料如下：

总账科目	明细科目	借方余额	贷方余额
库存现金		26 500	
银行存款		159 000	
应收账款		133 550	
	A 企业	120 000	
	B 企业	20 500	
	C 企业		6 950
预付账款		20 320	
	D 企业	30 320	
	E 企业		10 000
原材料		24 000	
在途物资		7 100	
库存商品		33 180	
生产成本		208 000	
固定资产		742 000	
累计折旧			152 000
短期借款			120 000
应付账款			67 330
	F 企业		70 000
	G 企业	2 670	
预收账款			10 000
	H 企业		10 000
应交税费			12 520
应付股利			20 000
应付职工薪酬			20 800
长期借款			200 000
实收资本			500 000
资本公积			120 000
盈余公积			50 000
利润分配			81 000
	未分配利润		81 000

【要求】根据以上资料填列资产负债表。

资产	期末余额	年初余额（略）	负债及所有者权益	期末余额	年初余额（略）
流行资产：			流动负债：		
货币资金			短期借款		
应收账款			应付账款		
预付账款			预收账款		
存货			应付职工薪酬		
流动资产合计			应交税费		
非流动资产			应付股利		
固定资产			流动负债合计		
非流动资产合计			非流动负债：		
			长期借款		
			非流动负债合计		
			负债合计		
			所有者权益		
			实收资本		
			资本公积		
			盈余公积		
			未分配利润		
			所有者权益合计		
资产总计			负债及所有者权益总计		

3.【资料】某企业有关账户的发生额如下：

主营业务收入	900 000
其他业务收入	110 000
主营业务成本	500 000
其他业务成本	70 000
税金及附加	50 000
销售费用	23 000
财务费用	15 000

续表

管理费用	130 000
投资收益	7 000
营业外收入	30 000
营业外支出	18 000
所得税费用	60 250

【要求】计算营业利润、利润总额和净利润。

（六）案例分析题

【资料】当我们准备投资某家公司时，非常有必要去研究这家公司以往的财务报告，根据以往的财务报告来分析企业的财务状况、经营成果，从而来评价这家公司过去的业绩，衡量现在的状况，评价它是否有投资的价值。

"小蓝杯"的广告是否吸引过你的眼球？对了，就是瑞幸咖啡。它曾因为快速扩张而引人注目；但更引人注目的却是财务造假。瑞幸咖啡于2017年6月在厦门注册成立，于当年10月实现了试营业。之后瑞幸咖啡进行了快速扩张。2018年初陆续在北京、上海、天津等13个城市试运营，至2018年末，净营业收入已达8.407亿元。2019年5月于纳斯达克正式上市，成为中国创业公司中最快上市的企业，当日总市值约为42亿美元。2019年末全国已累计开设4507家门店，成为我国门店数量最多的咖啡连锁品牌。但是在快速扩张的背后，也有人看到了不一样的瑞幸。有分析者发现，2019年第二季度，公司收入环比增长了90%，存货却仅上涨了23%；2019年第三季度，公司收入环比增长了70%，存货总量反而下降了。公司存货周转天数也从2019年第一季度的55天降到了第三季度的28天，这说明收入增加，存货反而不增加，很不合理。号称"中概股杀手"的美国浑水公司这个时候也盯上了瑞幸。浑水公司通过外包等形式，派遣上千名调查员前往瑞幸咖啡门店实地蹲点测算客流量等指标，以拍照、录像、收集顾客小票等形式，记录门店每天的客流量和销售数据。浑水宣称共对620家瑞幸咖啡门店进行了调查，拍摄时长超过11 000小时，收集的顾客消费小票超过2.5

万张。通过以上实地调研,并据此进行统计、分析,最终测算出瑞幸咖啡2019年第四季度门店日均销量为263杯,测算出瑞幸咖啡披露的第四季度每个门店单日平均销售数量虚增88%;同时通过大样本统计分析,指出瑞幸咖啡单杯平均净售价虚假增长了12.3%。浑水公司于2020年1月31日公布了报告,当天瑞幸股价下跌10.74%。4月2日瑞幸承认存在财务舞弊行为,股价当日跌幅达75.6%,随后截至4月7日退市停牌,瑞幸股价仅剩4.39美元,总市值仅存约为11.05亿美元。

同样从公司的财务报告分析出公司可能存在造假行为的还有康美药业。根据康美药业2018年半年报,公司的货币资金余额为399亿元,同时各种有息负债高达347亿元,占公司净资产的比例分别为119%和104%。在利息支出方面,康美药业2018年上半年净利润为25.92亿元,利息支出高达8亿元,占比31%。公司2017年净利润为40.95亿元,利息支出为12.18亿元,占比30%。存贷双高问题是康美药业最受公众质疑的地方之一,存贷双高是指一家公司同时拥有高额的银行存款和银行贷款金额,公司一方面需要支付高额的贷款利息;另一方面银行账户上却拥有大量的可用资金。资金利用率低,是对公司资金的巨大浪费,与正常的公司经营逻辑不符。康美药业存贷双高和高额利息支出现象的必要性与合理性让人怀疑。2018年底,证监会对康美药业立案调查。2019年5月17日,证监会通报康美药业案调查进展,确定康美药业披露的2016~2018年度财务报告存在重大虚假。2019年8月16日,证监会发布《证监会对康美药业等作出处罚及禁入告知》,正式通告了康美药业虚增营业收入、货币资金和固定资产等不法行径,属于有预谋、有组织、长期、系统实施财务造假行为。康美药业财务造假涉案金额巨大,是我国迄今为止规模最大的财务造假案。

【要求】请查找有关资料,看看还有什么财务造假行为。

四、综合练习题参考答案

(一) 名词解释

1. 财务报告,是指企业对外提供的反映企业某一特定日期的财务状况和某一会计期间的经营成果、现金流量等会计信息的文件。财务报告包括财务报表、财务报表附注和财务情况说明书。

2. 资产负债表是反映企业某一特定日期财务状况的会计报表。它是以"资产=负债+所有者权益"这一会计恒等式为基础编制的,揭示企业在编表日所拥有的资产、承担的债务及所有者所拥有的权益三方面的会计信息,揭示企业持有的经济资源及其产权归属的对照关系。

3. 利润表是反映企业在一定期间经营成果的报表,又称损益表。它是以"收入 - 费用 = 利润"这一会计恒等式为基础编制的,揭示一定期间按收入实现原则和配比原则确认计算的收入、费用和利润。利润表还反映投资净收益、营业外收支净额、所得税等情况。

4. 财务报表附注是对在资产负债表、利润表、现金流量表和所有者权益变动表等报表中列示项目的文字描述或明细资料，以及对未能在这些报表中列示项目的说明等。

5. 合并财务报表是以母公司和子公司组成的企业集团为一会计主体，以母公司和子公司单独编制的个别财务报表为基础，由母公司编制的综合反映企业集团经营成果、财务状况及其资金变动情况的财务报表。

6. 现金流量表是反映企业在一定会计期间现金和现金等价物流入和流出的报表。

7. 现金等价物是指企业持有的期限短、流动性强、易于转换为已知金额的现金、价值变动风险很小的投资。

8. 所有者权益变动表是反映企业所有者权益各组成部分当期增减变动情况的报表。

（二）单项选择题

1. A   2. D   3. C   4. A   5. D   6. A   7. C   8. C   9. A
10. B   11. B   12. D   13. D   14. D   15. D   16. B   17. B   18. C
19. C   20. A

（三）多项选择题

1. ACD   2. ABCD   3. BD   4. AC   5. BD
6. ABCD   7. BC   8. ACD   9. BCD   10. AB
11. BC   12. ABCD   13. ABD   14. ABCD   15. ABC

（四）判断题

1. √   2. √   3. ×   4. √   5. √   6. ×   7. √   8. ×
9. √   10. × 11. × 12. √ 13. × 14. √ 15. √

（五）计算分析题

1. 应收账款 = 24 000 + 200 = 24 200（元）
   应付账款 = 18 000 + 1 000 = 19 000（元）
   预收款项 = 4 000 + 8 800 = 12 800（元）
   预付款项 = 14 000 + 2 000 = 16 000（元）

2. 资产负债表

资产	期末余额	年初余额（略）	负债及所有者权益	期末余额	年初余额（略）
流行资产：			流动负债：		
货币资金	185 500		短期借款	120 000	
应收账款	140 500		应付账款	80 000	
预付账款	32 990		预收账款	16 950	
存货	272 280		应付职工薪酬	20 800	
流动资产合计	631 270		应交税费	12 520	
非流动资产			应付股利	20 000	
固定资产	590 000		流动负债合计	270 270	
非流动资产合计	590 000		非流动负债：		
			长期借款	200 000	
			非流动负债合计	200 000	
			负债合计	470 270	
			所有者权益		
			实收资本	500 000	
			资本公积	120 000	
			盈余公积	50 000	
			未分配利润	81 000	
			所有者权益合计	751 000	
资产总计	1 221 270		负债及所有者权益总计	1 221 270	

3. 营业利润 = 900 000 + 110 000 − 500 000 − 70 000 − 50 000 − 23 000 − 15 000 − 130 000 + 7 000 = 229 000（元）

利润总额 = 229 000 + 30 000 − 18 000 = 241 000（元）

净利润 = 241 000 − 60 250 = 180 750（元）

（六）案例分析题

案例提示：（略）

第八章 账务处理程序

一、学习目的与要求

会计核算方法是相互联系的，它们以一定的方式结合起来，构成一个完整的方法体系，形成了企业的会计账务处理程序。通过本章学习，了解会计账务处理的意义与分类；掌握记账凭证会计账务处理程序、科目汇总表会计账务处理程序、汇总记账凭证会计账务处理程序的内容；重点掌握科目汇总表会计账务处理程序的具体应用。

二、本章思考题

1. 账务处理程序的步骤是什么？
2. 不同账务处理程序的区别主要在哪里？
3. 记账凭证账务处理程序的基本程序是什么？
4. 科目汇总表账务处理程序的基本程序是什么？
5. 汇总记账凭证财务处理程序的基本程序是什么？

三、综合练习题

（一）名词解释

1. 账务处理程序
2. 科目汇总表
3. 汇总记账凭证会计账务处理程序

（二）单项选择题

1. 各种账务处理程序之间的主要区别是（　　）。
   A. 填制记账凭证的依据不同　　　　　B. 登记总账的依据不同

C. 登记明细账的依据不同　　　　　D. 编制报表的依据不同

2. 在各种账务处理程序中，最基本的是（　　），其他都是在此基础上发展起来的。

A. 记账凭证会计账务处理程序

B. 科目汇总表会计账务处理程序

C. 汇总记账凭证会计账务处理程序

D. 日记总账会计账务处理程序

3. 根据编制的记账凭证直接登记总账的账务处理程序是（　　）。

A. 科目汇总表账务处理程序　　　　B. 记账凭证账务处理程序

C. 汇总记账凭证账务处理程序　　　D. 日记总账账务处理程序

4. 科目汇总表是根据（　　）编制的。

A. 记账凭证　　　　　　　　　　　B. 原始凭证

C. 汇总记账凭证　　　　　　　　　D. 原始凭证汇总表

5. 汇总转账凭证的编制依据是（　　）。

A. 原始凭证　　B. 收款凭证　　C. 付款凭证　　D. 转账凭证

6. 科目汇总表汇总的是（　　）。

A. 全部科目的借方发生额　　　　　B. 全部科目的贷方发生额

C. 全部科目的借贷方余额　　　　　D. 全部科目的借贷方发生额

7. 不能直接作为登记总账的依据是（　　）。

A. 原始凭证　　　　　　　　　　　B. 记账凭证

C. 汇总记账凭证　　　　　　　　　D. 科目汇总表

8. 科目汇总表和汇总记账凭证会计账务处理程序的共同优点是（　　）。

A. 可以进行发生额的试算平衡　　　B. 减轻了登记总账的工作量

C. 可以反映账户之间的对应关系　　D. 反映经济业务的来龙去脉

9. 可以作为汇总付款凭证贷方科目的是（　　）。

A. 本年利润　　　　　　　　　　　B. 应交税费

C. 主营业务收入　　　　　　　　　D. 库存现金

10. 汇总转账凭证的编制是按（　　）科目设置，根据相对应的（　　）科目归类汇总编制。

A. 借方、贷方　　　　　　　　　　B. 借方、借方

C. 贷方、借方　　　　　　　　　　D. 贷方、贷方

（三）多项选择题

1. 在汇总记账凭证会计账务处理程序中，登记总账的依据有（　　）。

A. 汇总收款凭证　　　　　　　　　B. 汇总付款凭证

C. 汇总转账凭证　　　　　　　　　D. 科目汇总表

2. 可以作为汇总收款凭证借方科目的有（　　）。

A. 银行存款　　　B. 管理费用　　　C. 库存现金　　　D. 应收账款

3. 登记总账的依据可以有（　　）。

A. 科目汇总表　　　　　　　　B. 记账凭证

C. 汇总记账凭证　　　　　　　D. 原始凭证汇总表

4. 为了便于编制汇总转账凭证，平时填制转账凭证时应填制（　　）。

A. 一借一贷的转账凭证　　　　B. 一借多贷的转账凭证

C. 多借一贷的转账凭证　　　　D. 多借多贷的转账凭证

5. 各种会计账务处理程序的相同之处有（　　）。

A. 根据原始凭证编制记账凭证

B. 根据记账凭证登记总账

C. 根据原始凭证和记账凭证登记各明细账

D. 根据记账凭证编制科目汇总表

6. 记账凭证会计账务处理程序适用于（　　）的企业。

A. 规模小　　　　　　　　　　B. 业务量少

C. 记账凭证不多　　　　　　　D. 规模大

7. 在各种账务处理程序中，能够减少登记总账工作量的有（　　）。

A. 记账凭证会计账务处理程序　　B. 科目汇总表会计账务处理程序

C. 汇总记账凭证会计账务处理程序　D. 以上都可以

8. 在会计工作的长期实践中，根据具体登记会计总分类账的依据和方式的不同，形成了（　　）会计账务处理程序。

A. 记账凭证　　　　　　　　　B. 科目汇总表

C. 汇总记账凭证　　　　　　　D. 日记总账

9. 以下关于科目汇总表会计账务处理程序说法正确的有（　　）。

A. 科目汇总表会计账务处理程序也称为记账凭证汇总表会计账务处理程序

B. 采用科目汇总表会计账务处理程序大大减少了登记总分类账的工作量

C. 编制科目汇总表的方法简便易学，还能起到试算平衡的作用

D. 在科目汇总表和总分类账中，不能反映各科目之间的对应关系

10. 常用的各种账务处理程序，在（　　）方面是一样的。

A. 编制记账凭证的依据　　　　B. 登记银行存款日记账的依据

C. 登记库存现金日记账的依据　D. 登记总账的依据

（四）判断题

1. 不论采用何种账务处理程序，月末都应将现金、银行存款日记账的余额、明细分类账的余额分别与总分类账中的相关账户的余额相核对。　　　　　（　　）

2. 科目汇总表每月只能编制一张。　　　　　　　　　　　　　　　　（　　）

3. 在记账凭证账务处理程序下，总账可以根据记账凭证逐笔登记，也可以定期汇总登记。　　　　　　　　　　　　　　　　　　　　　　　　　（　　）

4. 科目汇总表汇总了有关科目的借贷方发生额和余额。（ ）
5. 科目汇总表会计账务处理程序不能反映各账户之间的对应关系，不便于分析和检查经济业务的来龙去脉和核对账目。（ ）
6. 账务处理程序不同，编制会计报表的依据也不同。（ ）
7. 一个企业可以采用几种不同的会计账务处理程序。（ ）
8. 采用科目汇总表会计账务处理程序，减轻了登记总分类账的工作量。（ ）
9. 在记账凭证会计账务处理程序下，企业登记总账的工作量会比较大。（ ）
10. 账务处理程序不同，现金日记账和银行存款日记账的登记程序也不同。（ ）

（五）综合业务题

【目的】掌握科目汇总表的编制方法。
【资料】某企业为增值税一般纳税人，本月发生的部分经济业务如下：
（1）从甲公司购入A材料1 000千克，单价为200元/千克，增值税为26 000元，款项以银行存款支付。
（2）上述材料运抵企业，并验收入库。按实际成本转账。
（3）生产甲产品领用A材料50 000元，生产乙产品领用A材料20 000元。
（4）车间耗用A材料价值2 000元。
（5）分配本月工资费用，其中，生产甲产品工人工资120 000元，乙产品工人工资80 000元，车间管理人员工资20 000元，行政管理部门人员工资100 000元。
（6）销售甲产品100件给长江公司，单价为100元/件，增值税为1 300元，款项已收存银行。
（7）用银行存款2 000元支付本月产品宣传费。
【要求】
（1）根据经济业务编制会计分录。
（2）根据会计分录编制科目汇总表。

四、综合练习题参考答案

（一）名词解释

1. 账务处理程序又被称为会计核算程序或会计核算组织形式，是在会计核算中会计凭证、账簿组织以及记账程序和记账方法互相结合的一种方式。
2. 科目汇总表，又称记账凭证汇总表，是根据一定时期内的全部记账凭证，分别计算出每一总账科目的借方发生额合计与贷方发生额合计的一种汇总凭证。

3. 汇总记账凭证会计账务处理程序是先定期将全部的记账凭证按收、付款凭证和转账凭证分别归类编制汇总记账凭证，再根据各种汇总记账凭证登记总分类账。

（二）单项选择题

1. B   2. A   3. B   4. A   5. D   6. D   7. A   8. B   9. D
10. C

（三）多项选择题

1. ABC   2. AC   3. ABC   4. AC   5. AC
6. ABC   7. BC   8. ABCD   9. ABCD   10. ABC

（四）判断题

1. √   2. ×   3. ×   4. ×   5. √   6. ×   7. ×   8. √
9. √   10. ×

（五）综合业务题

（1）编制会计分录：

①借：在途物资——A 材料   200 000
     应交税费——应交增值税（进项税额）   26 000
    贷：银行存款   226 000

②借：原材料——A 材料   200 000
    贷：在途物资——A 材料   200 000

③借：生产成本——甲产品   50 000
           ——乙产品   20 000
    贷：原材料——A 材料   70 000

④借：制造费用   2 000
    贷：原材料——A 材料   2 000

⑤借：生产成本——甲产品   120 000
           ——乙产品   80 000
   制造费用   20 000
   管理费用   100 000
    贷：应付职工薪酬——工资   320 000

⑥借：银行存款　　　　　　　　　　　　　　　　　11 300
　　贷：主营业务收入　　　　　　　　　　　　　　　　10 000
　　　　应交税费——应交增值税（销项税额）　　　　　1 300
⑦借：销售费用　　　　　　　　　　　　　　　　　 2 000
　　贷：银行存款　　　　　　　　　　　　　　　　　　 2 000

（2）编制科目汇总表：

单位：元

会计科目	本期发生额	
	借方	贷方
银行存款	11 300	228 000
在途物资	200 000	200 000
原材料	200 000	72 000
生产成本	270 000	
制造费用	22 000	
应付职工薪酬		320 000
应交税费	26 000	1 300
主营业务收入		10 000
管理费用	100 000	
销售费用	2 000	
合计	831 300	831 300

第九章 会计工作组织

一、学习目的与要求

会计工作组织是提高会计信息质量的重要保障。通过本章学习，了解会计工作组织的基本内容；掌握我国现行会计组织机构的设立及不同会计岗位对工作人员的要求；明确会计职业道德的基本内容；了解会计档案的管理办法。

二、本章思考题

1. 会计工作组织的含义是什么？组织会计工作应遵循哪些要求？
2. 会计机构设置取决于哪些要素？
3. 会计人员的工作岗位一般如何划分？
4. 会计人员的任职基本条件有哪些？
5. 会计人员的专业技术资格如何取得？
6. 会计职业道德的基本内容有哪些？
7. 什么是会计档案？会计档案的保管要求有哪些？
8. 会计工作交接应当注意哪些问题？

三、综合练习题

（一）名词解释

1. 会计机构
2. 会计人员
3. 会计工作组织
4. 会计职业道德
5. 会计档案

（二）单项选择题

1. 关于会计人员以下说法错误的是（　　）。
A. 会计人员应当具备从事会计工作所需要的专业能力
B. 会计人员应当按照国家有关规定参加会计业务的培训
C. 总会计师由具有会计师以上专业技术资格的人员担任
D. 会计人员因会计职务有关违法行为被依法追究刑事责任，刑满释放后可以再从事会计工作

2. 关于会计岗位的设置，以下说法错误的是（　　）。
A. 会计工作岗位可以一人多岗，也可以一岗多人
B. 出纳人员不得保管会计档案
C. 出纳人员不得监管收入、费用、债权债务账目的登记工作
D. 会计工作岗位的设置只能一人一岗

3. 考生需要在连续（　　）个考试年度内通过全部科目考试可以获得中级会计资格。
A. 1　　　　　B. 2　　　　　C. 3　　　　　D. 5

4. 应当永久保存的会计档案是（　　）。
A. 现金日记账　　　　　　　　B. 总账
C. 会计档案销毁清册　　　　　D. 固定资产卡片账

5. （　　）不是会计中级资格考试的科目。
A.《经济法》　　　　　　　　B.《中级会计实务》
C.《税法》　　　　　　　　　D.《财务管理》

6. 对不真实、不合法的原始凭证应（　　）。
A. 要求领导签字　　　　　　　B. 要求经办人员签字
C. 不予受理　　　　　　　　　D. 予以入账

7. 以下不属于会计岗位的是（　　）。
A. 出纳岗位　　　　　　　　　B. 往来结算岗位
C. 单位内部审计岗位　　　　　D. 财务成果核算岗位

8. 以下不是会计专业技术资格的是（　　）。
A. 高级会计师　　B. 注册会计师　　C. 会计师　　D. 会计员

9. 现金日记账和银行存款日记账的保管期限是（　　）。
A. 10 年　　　　B. 20 年　　　　C. 30 年　　　　D. 永久

10. 会计人员办理交接手续，必须由监交人负责监交。一般会计人员办理交接手续，由（　　）监交。
A. 普通工作人员　　　　　　　B. 普通会计人员
C. 会计机构负责人　　　　　　D. 单位负责人

（三）多项选择题

1. 会计工作组织的内容有（　　）。
   A. 设置会计机构
   B. 配备会计人员
   C. 会计档案的保管
   D. 制定、执行会计法规

2. 组织会计工作应符合的要求有（　　）。
   A. 统一性要求
   B. 适应性要求
   C. 效益性要求
   D. 内部控制要求

3. 一个单位是否单独设置会计机构，往往取决于（　　）。
   A. 规模的大小
   B. 经济业务和财务收支的繁简
   C. 开户银行的要求
   D. 生产产品的要求

4. 根据《会计基础工作规范》，以下说法正确的有（　　）。
   A. 会计机构、会计人员应当对原始凭证进行审核和监督
   B. 会计机构、会计人员应当对实物、款项进行监督
   C. 会计机构、会计人员应当对财务收支进行监督
   D. 会计机构、会计人员应当对人员调动进行监督

5. 内部控制规范主要包括（　　）。
   A. 现金出纳控制
   B. 生产成本控制
   C. 各项费用支出控制
   D. 实物资产进出控制

6. 以下属于会计档案的有（　　）。
   A. 原始凭证
   B. 记账凭证
   C. 总账
   D. 现金日记账

7. 会计档案的定期保管期限以下说法正确的有（　　）。
   A. 原始凭证、记账凭证保管期限为 30 年
   B. 总账、明细账保管期限为 40 年
   C. 年度财务会计报告需要永久性保存
   D. 银行对账单保管期限为 5 年

8. 会计职业道德的内容包括（　　）。
   A. 爱岗敬业
   B. 诚实守信
   C. 廉洁自律
   D. 客观公正

9. 关于会计档案借阅说法正确的有（　　）。
   A. 单位保存的会计档案一般不得对外借出
   B. 会计档案的借阅没有时间限定
   C. 确因工作需要且根据国家有关规定必须借出的，应当严格按照规定办理相关手续
   D. 会计档案借用单位应当妥善保管和利用借入的会计档案，确保借入会计档案的安全完整

10. 按照《会计档案管理办法》的规定，（　　）会计资料应当进行归档。

A. 会计凭证   B. 会计账簿
C. 财务会计报告   D. 会计人员轮岗清册

（四）判断题

1. 企业可以根据自身的需要确定是否设置独立的会计机构。（ ）
2. 会计工作的组织方式是指独立设置会计机构的单位内部组织和管理会计工作的具体形式。（ ）
3. 会计人员的工作岗位应当有计划地进行轮换。（ ）
4. 根据《会计法》，财务部门负责人对本单位的会计工作和会计资料的真实性、完整性负责。（ ）
5. 只有具备会计师以上技术职务资格的人才可以成为会计主管人员。（ ）
6. 保管期满的所有原始凭证，均可以按照规定程序销毁。（ ）
7. 出纳人员不得保管会计档案。（ ）
8. 会计人员如果违反了《会计法》或者会计准则的有关规定，需要承担法律责任。（ ）
9. 当年形成的会计档案，在会计年度终了后，必须移交单位档案管理机构保管。（ ）
10. 会计档案销毁清册保管期限是 30 年。（ ）

（五）案例分析题

1.【资料】2004 年南京市人民法院审理了一起故意销毁会计账簿和凭证的案件。被告人王某、马某、陈某均为南京某建筑工程总公司职工。王某是公司会计出纳，马某是公司副经理，陈某是公司办公室主任。2004 年 6 月某日，南京市纪委找犯罪嫌疑人王某、马某到总公司办公室谈话。在谈话中，王某交代了该公司私设"小金库"的事实，并让其妻从家中送来了他制作的记载"小金库"账目来源及大致去向的优盘，以及存放"小金库"资金的银行卡。纪委当即追问"小金库"的明细账目，王某按照事先和马某、陈某串通好的，向纪委谎称账目已被销毁。谈话结束后，陈某、马某、王某随即聚在一起商量，陈某提出账册不能留要处理掉，马某、王某均表示同意。于是连夜驾车带上到王某家中取得的"小金库"原始凭证后又开车至某工地，将凭证拿到工地民工锅灶上烧毁。销毁账目涉及的资金达到 400 多万元。该案起诉到法院后，法院一审对三名犯罪嫌疑人均判处有期徒刑两年，缓期两年执行，罚金 3 万元。三名犯罪嫌疑人未提起上诉。

【要求】请查找相关资料，对会计档案保管有哪些规定。

2.【资料】杨军同学本科为计算机专业，大学毕业后和同学开了一家注册资金只有10万元的小公司，从事计算机软件设计，由于公司业务量不大，创业之初他们不知道是应该聘请一个专职会计还是找一个兼职的会计人员。

【要求】

（1）小企业应当聘用专职会计人员还是应当聘用兼职的会计人员，各有何利弊？

（2）大企业和小企业的会计人员在企业中的职能和地位有何不同？

四、综合练习题参考答案

（一）名词解释

1. 会计机构是指各单位办理会计事务的职能部门。

2. 会计人员是指具备了会计的专门知识和技能，并从事会计工作的专业技术人员，包括会计机构负责人（会计主管人员）以及具体从事会计工作的会计师、会计员和出纳员等。

3. 会计工作组织是根据会计工作的特点，设置会计机构，配备会计人员，制定、执行会计法规，保管会计档案，以保证合理、有效地进行会计工作。

4. 会计职业道德是指会计人员从事会计工作所应遵循的基本道德规范，是会计人员在职业活动中形成和体现出来的，调整会计人员与社会之间、会计人员个人之间及个人与集体之间职业道德主观意识和客观行为的统一，是体现会计职业特征、调整会计职业关系的职业行为准则和规范。

5. 会计档案是指单位在进行会计核算等过程中接收或形成的，记录和反映单位经济业务事项的，具有保存价值的文字、图表等各种形式的会计资料，包括通过计算机等电子设备形成、传输和存储的电子会计档案。

（二）单项选择题

1. D   2. D   3. B   4. C   5. C   6. C   7. C   8. B   9. C
10. C

（三）多项选择题

1. ABD   2. ABCD   3. AB   4. ABC   5. ACD
6. ABCD   7. AC   8. ABCD   9. ACD   10. ABC

（四）判断题

1. √　2. √　3. √　4. ×　5. ×　6. ×　7. √　8. √
9. ×　10. ×

（五）案例分析题

1. 案例提示：《中华人民共和国会计法》规定，对会计档案管理不善，造成毁损、灭失的，应承担法律责任。刑法规定，隐匿或故意毁坏依法应当保存的会计凭证、会计账簿、财务会计报告，情节严重的，处 5 年以下有期徒刑或者拘役，或者单处 2 万元以上 20 万元以下罚款。

2. （1）从企业自身来看，无论是按《会计法》的规定还是按照税务机关的要求，办一家企业没有会计肯定不行。小企业同样面临着会计核算、财税筹划、资金管理等问题，对于技术出身的杨军来说，会计工作的重要性不言而喻。因此，无论是外部要求，还是内在需求，在完成工商登记之后，聘请会计就成为重要问题。

聘请一名专职会计，对于小企业来说很不合算，较少的业务量很难达到一个专职会计的应有工作量，造成劳动力闲置，如果会计业务不够熟练或敬业精神不足还会给企业造成更大的损失。找到一个专业技术水平高、敬业精神强、薪酬又不高的专职会计对于小企业来说，确实需要很好的运气。

现在越来越多的人愿意选择会计代理机构，经过多年的规范发展，相对于个人，他们在会计信息、专业技能、服务效率等方面具有团队资源优势，在为企业带来利益的同时，相应地，承担风险和责任的能力也更强。

小企业应当聘用专职会计人员还是应当聘用兼职的会计人员，各有利弊，由于企业规模小，很难聘用到高水平的专职会计人员，不利于企业的会计核算；兼职会计人员不能深入企业中，对加强和完善企业的财务管理不利。

（2）大企业的会计人员的工作是全面的、系统的，既包括基本的会计核算，又包括财务管理、管理会计、税务会计的内容，但具体到每个人员，可能只接触其中的一部分，而小企业的会计人员主要以完成税务申报核算为主，可能一个人就要完成除出纳工作之外的所有工作，但其对财务管理方面，投资、融资方面的业务可能很少接触。